弱小チーム出身の僕がプロ野球で活躍できた理由

元東北楽天
ゴールデンイーグルス
聖澤諒

辰巳出版

目次

第三章 同級生が2人だけの弱小高校

目次

第六章

掴んだレギュラー、東日本大震災と日本一

第七章　狂ったフォーム、戦力外通告

第八章

楽天イーグルスアカデミーで子ども達に野球を教える

はじめに

２０１８年11月23日、秋晴れの下で行われた『楽天イーグルスファン感謝祭』の場で、僕は現役引退セレモニーを開いていただきました。

プロ入りしたときは本当に自信がありませんでした。「一軍で１試合でも試合に出られたらいいいな」という小さな目標からのスタートでしたが、終わってみれば１０００試合以上に出場することができました。そればかりか、盗塁王のタイトルも獲得、レギュラーとして日本一も経験、ＷＢＣ日本代表候補にも選出、出来高を含めれば１億円プレーヤーになった年もありました。入団当初のことを考えれば、出来すぎとも言える11年間の現役生活でした。

良いことばかりではなく、辛く苦しいこともたくさんありました。それでも自分自身の技術を１２０パーセント以上発揮し、悔いなく現役を終えることができる。そんな満足感で満たされた思いで、僕はこの日を迎えていました。

共に引退する同期入団の伊志嶺忠《いしみねただし》とグラウンドに並び、たくさんのファンの皆さんで埋まったスタンドを見回しているとき、ふとプロ野球選手になるまでのことが頭をよぎりました。

プロ野球選手になることを目標に毎日壁当て、素振りをしていた小学生時代のこと。

チームが弱かった中学、高校時代のこと。

初めは練習にも参加させてもらえなかった大学野球部のこと。

「……本当にプロ野球選手になれたんだなぁ」

これから引退の挨拶をするというのに、僕みたいな選手がプロ野球選手になれたことが未だに信じられない。そんな気持ちでした。

僕にはずば抜けた運動神経や野球センスがあったわけではありません。どのチームにもいるような「ちょっと野球が上手いだけの少年」でした。中学時代は公式戦0勝。高校はどこからも声もかからず地元の公立高校へ進学。入部した野球部は同級生が2人だけ、最後の夏の大会も初戦敗退するような弱小校でした。

そんな僕が、なぜプロ野球選手になれたのか、自分でも改めて振り返ってみたいと思いました。僕のこれまでの野球人生を振り返ることで、もしかしたら多くの子ども達に「僕だってプロ野球選手になれるんだ！」という夢を与えることができるかもしれない。そんなことを考え、自分の経験、考えを本にさせていただくことになりました。

この本は、僕がやってきたことをそのまま実践すればプロ野球選手になれるという、いわゆるメソッド本ではありません（そもそも「これをやればプロ野球選手になれる」というものはありません）。

僕が歩んできた非エリート街道の野球人生を振り返りながら、そのときどきで思ったこと、感じたこと、学んだことなどを書かせていただいています。そこから皆さんのこれからの野球人生の何かのヒントを見つけてもらえたら嬉しいです。

有名チーム、強豪高校でプレーしなくてもプロ野球選手になることはできます。所属しているチームが弱いからといってプロ野球選手になる夢を諦める必要はありません。弱小チームでプレーしていた僕がプロ野球選手になれたのですから。

写真：著者提供

第一章

どこにでもいる、ちょっと野球の上手い少年

外で遊びまくった幼少期

まずは僕がどんな子どもで、どんなふうに野球に出会ったのかについて話したいと思います。僕は長野県の更埴市《こうしょく》（現千曲市《ちくま》）という人口約4万人（現在約6万人）の自然豊かな町で生まれました。町には信号機も数える程度。実家の近くにはコンビニもなく、見渡す限り360度全部が山。小さいころは裏山で遊んだり、夏には虫捕りをしたり。とにかく家にいることが退屈で窮屈。暇さえあれば走り回っているような、外で遊ぶことや体を動かすことが大好きな子どもでした。

後にプロ野球選手になるくらいなのですから、子どもの頃は身体が大きかったと思われるかもしれませんが、ごくごく普通の体型で生まれましたし、小学校を卒業する頃の背の順は前から3番目。むしろ身体は小さい方でした。足だけは速かったですが、ずば抜けた野球の才能に恵まれていたわけでもありません。選抜チームに選ばれたりすることもない、どこにでもいるようなちょっと野球が上手い程度の子どもでした。

そんな僕でもプロ野球選手になれたのですから、いま身体が小さかったり、自分より上手い子がたくさんいたとしても「プロ野球選手になるのは無理」なんて諦める必要は全くありません。夢の実現に大切なのは「考え方」です。そのことはこの本のなかで少しずつ話していきますね。

両親に反対された少年野球チーム入団

僕が子どもの頃は、巨人戦が毎日のように地上波で放送されていた時代です。野球に触れることもごく自然な流れでした。父は野球をかじる程度でしたが、よくキャッチボールの相手をしてくれました。一つ上の兄との遊びもいつも野球が中心。庭でキャッチボールをしたり公園でノックをしたり、ときには友達も交えて野球をしたり。道具が揃わないときは手打ち野球もよくやっていました。そうやって、いつしか野球が大好きな子どもになっていました。

当然、兄も僕も少年野球チームに入りたくなるのですが、両親はチームに入ることに反対していました。なぜなら練習開始時間が朝早すぎたから。僕が入りたかった地元チームの練習は、日曜の朝6時からだったのです。それならば練習開始時間が遅いチームに入れば良いと思われるかもしれませんが、その当時は住んでいる地域ごとに入れるチームが決まっていて、他のチームを選ぶことはできませんでした。練習が朝6時からということは、両親は朝5時頃に起きて小さい僕らの野球の支度や送迎などをしなければいけません。共働きだった両親からすれば、平日に仕事をして、ゆっくりしたいはずの日曜日に朝5時に起きるというのはかなりきついですよね。おまけにまだ小さい四つ下の弟もいましたから。子ども達のやりたいことはやらせてあげたいという気持ちがあっても肉体的にはかなり大変です。少年野球人口減少の原因の一つとも言われている「親の負担」が大きすぎると感じたのでしょう。自分も親になったいま、その気持ちはよく分かります。それでも当時の僕達は野球がしたくてたまりませんでした。

「自分で朝起きるし、自分のことは自分でやる。手伝いもするから」

2人で必死にお願いして、最後は子ども達の熱意に負けた両親がなんとか入団を許してくれました。いまにして思えば、入団を反対していたのは、僕と兄の本気度を試していたのかもしれません。

現役引退後の現在、講演活動もさせていただいているのですが、そこでは必ず「感謝の気持ちを持とう」という話をしています。それはやはりこのときの出来事が大きかったたからに他なりません。「ゆっくり眠りたい日曜日なのに早く起きて準備をしてくれる。お父さん、お母さんに悪いな」そんな気持ちを子どもながらに持って野球をやっていたからです。

僕は野球を始めたときからプロ野球を引退するまで「親への感謝」という気持ちを忘れたことはありません。親にサポートしてもらえているから野球ができている。それを当たり前と思ってはいけません。

余談になりますが、常にそういう気持ちを持って野球をしていたからなのか、思春期に訪れる反抗期も僕にはありませんでした。

褒めない両親

両親にもう一つ感謝したいことがあります。自分で言うのもおこがましいのですが、僕は小中高とチームのなかでは抜きん出た存在でした（とは言っても「田舎のなかでは上手い」程度の実力だったのですが）。それなのに、僕が試合で活躍しても両親は全く褒めてくれませんでした。ごはんを食べながら「今日の試合、大事な場面で打ったんだ」と自慢げに話しても「へぇ、そうなの」くらい。「よく打ったね」「すごいじゃん！」などとは全く言ってもらえませんでした。練習や試合もよく観に来てくれていたので、子どもの野球に決して無関心だったわけではないのですが。

高校野球を引退したあとに知ったことですが、実は当時の高校の監督が「聖澤にすごいとか上手いとか言うな」と周りに話していたそうです。

おそらくですが、両親も監督も、僕のお調子者の性格を見抜いて、田舎でちょっと上手いからと言って褒めたり特別扱いをすれば調子に乗ると考えたのでしょう。小中高と天狗にならずに、より上手くなりたいという気持ちで貪欲に野球を勉強したり、謙虚に練習に取り組めたことは、そういう目に見えない周囲の気遣いやサポートが大きかったからだと、いまになって思っています。両親だけでなく、高校時代の監督にも感謝しています。

週1回2時間だけの練習

「森スポーツ少年団」というチームに兄と一緒に入団できたのは小学2年生のとき。特別強いチームというわけでもなく、いたって普通のチームでした。

初めて練習に行った日のことはいまでも覚えています。それまでは友達数名と放課後に遊びの延長でやっていた野球が、守る人がきちんと9人いて、ベースもある、ヘルメットもある、ミットもある。「プロ野球みたい！　本物の野球ができる！」そんなワクワクした気持ちでいっぱいでした。

練習が日曜の朝6時からというのは先ほど書いた通りですが、終わるのは朝8時。一週間の練習時間はたった2時間だけ。30年前の少年野球はどこも土日は朝から夕方まで練習をしたり、平日にも練習をするのが当たり前だったと思うのですが、僕達のチームは練習時間が圧倒的に少ないチームでした。いまでこそ、週末の半日しか活動をしない少年野球チームも増えてきているようですが、僕達のチームはかなり時代の先を行っていたことになりますね（笑）。

コーチは地域のお父さん達。野球のアドバイスをもらえるようなチームではありませんでしたが、怒られたり、怒鳴られたりすることもありませんでした。ピリピリした空気は一切ない、馴染みやすいチームで伸び伸びと野球をやらせてもらえました。

ですが、野球が好きで好きでたまらない僕は、週1回2時間だけの練習では到底満足できません。なので、練習が終わって家に帰ってからまたグラウンドに戻り、よく1人で壁当てをやっていました。壁に九つのマスを書いてそこを狙って投げたり、いろんな体勢から投げてみたり、跳ね返ってきたボールをいろんな角度でグラブを出して捕ってみたり。いまにして思えば、それがコントロールを磨いたり、守備のハンドリングの練習だったり、バウンドに合わせて捕球することにつながっているのですが、当時の僕は野球が上手くなりたくてやっていたわけではありません。とにかくグラブをはめたくて、ボールを投げたくて、バットを振りたくて仕方がなかっただけなのです。

練習がない日も、学校から帰ったらランドセルを玄関に追いてバットとグラブを持って公園に直行。それくらい野球が大好きな子どもでした。

ちなみに僕は右投げ左打ちの選手でしたが、左打ちなのは誰かに勧められたからではなく、野球をやり始めたときから。鉛筆は右、お箸は左。でも投げるのは右。手打ち野球のような遊びをやるときは右打ちになるのですが、バットを持つと左打ちになる。自分でもなぜ野球は左打ちなのか未だに上手く説明ができません。

上手くなるためにはどうしたらいい?

毎日の壁当てが楽しい。バットを振るのが楽しい。ですが、あるとき思ったのです。

「上手くなるためにはどうしたらいいんだろう？」

毎日練習の量はなんとなくこなしているけど、果たしてそれで上手くなっているのだろうか？

「今日は1時間も練習をしたから頑張った」ということではなく、「何のためにそれをやるのか」という目的や課題を明確にして練習をすることが上手くなる近道なのではないか？

素振りをやるにしても、自分のなかで課題を持ってやる。それがしっくりきたときは10本で終わってもいいし、納得できない日は数が多くなってもやる。実際に500回以上素振りをしたこともありました。

目的を意識しない練習はただの時間つぶしなのではないか？　そんなことを小学校の頃からなんとなく考えていました。

「上手くなりたい」という気持ちで日々練習に取り組めていたのは「プロ野球選手になる」という目標があったから。巨人戦の中継を見ては、「格好いいなぁ」「プロ野球選手になりたいなぁ」という熱い気持ちが湧いてきて、そのためにはいまよりもっと上手くならないといけないという思いがありましたし、頑張ればプロ野球選手になれると本気で思っていました。だから試合で結果を残したとしても「上には上がいる」と常に思って、さらに上手くなってやろうと、野球の上達に対して貪欲でした。

上達するためには目的や課題を持って練習に臨むことが大切だと小学生の頃から思っていたわけですが、いま小学生を指導するようになってみると、ほとんどの子がそういう気持ちで練習に臨めていないと感じています。指導者にこういうふうに振れと言われたからその通りに振る。決められた時間のなかでなんとなく練習をしている。そういう子が少なくありません。

将来プロ野球選手になりたいと思うのであれば、そういう意識の部分を小学生のうちに変えておいた方がいいと思います。

いきなりアンダースロー

森スポーツ少年団は優勝や全国大会出場を目指すようなチームではなかったのですが、僕にとってはそれが良かったと思っています。例えば、ある試合ではこんなことがありました。

僕はピッチャーをやっていてコントロールには自信を持っていたのですが、その試合の初回は全然ストライクが取れませんでした。どうにも投げ方がしっくりこなかったのです。

なんとか初回を終えてベンチに戻ってから僕は考えました。

「これじゃあ次のイニングもストライクが入らないぞ」

そこでイニング間にいろいろな投げ方を試してみることにしたのです。いくつかの投げ方を試しているなかで、しっくりきたのが投げる腕の位置を思いきり下げる「アンダースロー」。ある程度ストライクが取れてボールが収まる感覚があったので、次の回から僕はアンダースローで投げることにしました。もちろん、遊び以外でアンダースローで投げたことはありません。ぶっつけ本番です。監督もビックリしたでしょうね。イニングが変わったらいきなり下から投げているのですから（笑）。

アンダースローに変えてからはストライクが入るようになり、その回を0点に抑えると、次の回以降もフォアボールは一つも出さずに完璧に抑えることができました。ですが、その後もずっとアンダースローでやっていこうとは思いませんでした。その場しのぎの投げ方でしたし、あくまでもコントロールが悪くなったときの引き出しの一つとして取っておくことにして、次の試合ではオーバースローでストライクが取れるように、時間をかけてフォームを固めようと考えていました。野球人生で、最初で最後のアンダースローでした。投げ方を変えても監督には何も言われませんでしたが、もしも指導者が日頃から厳しく叱咤しているようなチームだったらどうだったでしょうか？　僕は大人の顔色を窺《うかが》ってアンダースローに挑戦していなかったかもしれません。それどころか「ストライクを取れるようにするためにはどうするか？」という前向きな思考ではなく、失敗を恐れて「怒られないためにどうするか？」という後ろ向きの思考になっていたかもしれません。

当時の僕がこんなことを試せたのも、伸び伸びとやらせてくれたチームのお陰だと思います。そんなチームだったからこそ、僕は失敗を恐れずに挑戦できたのです。

これが僕の野球人生において「自分で考えてやってみる」初めての成功体験でした。

試合に勝つこと、勝ちを目指すことはもちろん大切です。でも、小学生の年代は試合の結果よりも「野球を楽しくプレーさせる」ことが何より大事だと思います。大人があまりにも結果を求めすぎると、子どもの失敗を許容できなくなるでしょうし、それに伴い練習時間も長くなると思います。僕の場合は練習時間が短かすぎるくらいで常に野球に飢えていました。だからこそ「もっと野球がしたい」という前向きな気持ちで野球に臨むことができていました。野球でお腹いっぱいになっていたら、中学では「野球はもういいや」と思っていたかもしれません。たまたま入ったチームが森スポーツ少年団で本当に良かったなと思っています。

ちなみに、僕達の代は同級生が10人もいたこともあり、6年生のときには市の大会で20年ぶりに優勝することができました。練習時間が短くても結構強かったのです。チームとしての練習が少なくても自分の意識次第で上手くなることができる。自分の少年野球時代を振り返って、改めてそう思います。

剣道と陸上、ときどきハンドボール

ロサンゼルス・ドジャースで活躍する大谷《おおたに》翔平《しょうへい》選手は、小さい頃は野球だけでなくバドミントンや水泳もやっていたことは有名ですよね。小学生の間にいろいろな競技を経験しておくことはとても大切だと思います。いまでいう「マルチスポーツ」ですね。いわゆるゴールデンエイジ期（神経系の発達がほぼ完成し、動きの巧みさなどを身につけるのに最も適している時期。一般的に九歳から十二歳頃とされる）にいろんな体の使い方、動かし方を脳と体に経験させることが、より高いステージに進んだときに役立つからです。僕も4年生になってからは野球以外に剣道、高学年になってからは陸上もやっていました。

剣道の練習は毎週金曜日の夕方から1時間半。正直、あまりやりたくなかったのですが、父が僕に礼儀やマナーなどを学ばせたいという思いがあったようで、習いに行かされました。両親に怒られた記憶はほとんどありませんし、基本的には子どものやりたいようにやらせる教育方針だったと思うのですが、それでも半ば強制的に剣道を習わされました。それは僕がボールを投げて学校の窓ガラスを割ってしまったり、通知表にも「聖澤君はクラスのムードメーカーなのですが、時折調子に乗りすぎてしまって……」と書かれてしまうような、ヤンチャで落ち着きのない子どもだったからでしょう。

そんな経緯で始めた剣道でしたが、市の大会で優勝するまでになり、全国大会を狙える強豪中学からスカウトされるほどに上達しました。小学校時代は野球よりも剣道の方が実力を評価されているくらいだったのです。

小学校で辞めてしまった剣道でしたが、決して無駄ではなく、その後の野球人生においいて大いに役立ちました。

剣道の試合では、お互いに構えた状態から「面で来るか、胴で来るのか」といった読み合いをします。そこから相手のわずかな動きや気配を察知して反応したり、逆に一瞬のタイミングを見逃さずにこちらから打って出たり。そういった一瞬の駆け引き、集中力、判断、反応といったものは、野球に通じる部分も多いのです。例えば野球の盗塁の場面を思い浮かべてください。牽制《けんせい》が来るか、来ないか。スタートを切るか、切らないか。そこは相手投手との読み合いです。ピッチャーの一瞬の動きに集中し、見るだけではなく「次は牽制が来るな」「次は来ないぞ」といったことを感じ取る力が必要なのです。僕は剣道によってこの「感性」が磨かれたように思います。

高学年になって始めた陸上は、陸上クラブに入っていたわけではなく、市の選抜メンバーに選ばれて大会や記録会などに参加していました。大会では100メートル走はもちろん、走り幅跳び、800メートル、1500メートル、リレーなど、エントリーできる種目は全部出ていました。家にいるのが嫌で外で体を動かすのが大好きな子どもでしたから、いろんな種目に出られることがとにかく楽しかったのです。ちなみにエントリーしたほと

市の陸上記録会での写真（前列左から2人目が筆者）
写真：著者提供

んどの種目でメダルを取っていました。

陸上が野球に役立ったことは言うまでもありません。たくさん走ることで足腰が鍛えられます。走力はもちろん、体力、心肺機能も高まりますし、幅跳びでは跳躍力もつく。体幹ももちろん鍛えられます。

冬場にはハンドボールもやっていました。更埴市は長野でも北部に位置していて雪が降る冬の間はグラウンドが使えません。朝6時は真っ暗でおまけに寒い。なので冬は体育館で野球の練習をやりつつ、ハンドボールの練習も行っていました。遊びでやっていたのではなく、ハンドボールの大会もあるので一生懸命に練習していました。ハンドボールは肩、肘は使わずに胸郭や下半身を連動させて投げる必要があるので、正しいフォームの習得や故障防止につながるとも言われています（もちろん当時はそんなことは全く意識していませんでしたが）。ちなみにロサンゼルス・ドジャースの山本由伸《やまもとよしのぶ》投手もトレーニングの一環でハンドボールを投げているそうです。

剣道、陸上、ハンドボール。ゴールデンエイジ期に野球だけではなくたくさんの運動、スポーツをしていたことが、後に僕の野球人生の大きな財産になったと言えるかもしれません。

鬼ごっこのススメ

足の速さは遺伝などの先天的な要素も大きいと思います。ですが、私の両親は特別運動神経が良かったわけでも、足が速かったわけでもありません。兄と弟も目立って足が速いわけではありませんでした。ではなぜ僕だけ足が速かったのでしょうか？　はっきりとした理由は分かりませんが、小さい頃からとにかく外で遊び、走り回っていたこと。そういったことが少なからず後天的要素として足の速さにつながっているのではないかと思っています。

いまの子ども達にも、もっと外で遊ぶことを勧めたいと思っています。特に勧めたいのが「鬼ごっこ」です。楽天イーグルスアカデミーで子ども達に野球を教えるようになってから、鬼ごっこは子どもの運動神経の発育の面で大変理にかなった素晴らしい遊びだと感じています。僕も子どもの頃は鬼ごっこが大好きでよくやっていましたが、鬼から逃げる子は短い距離を繰り返しダッシュすることで結果的にたくさんの距離を走ることになります。ただ逃げるだけではなく、ときには複雑なフェイントを入れながら逃げるので、単純に何本も直線ダッシュをやらされるよりも楽しく走ることができます。いろいろな体の動きもできますし、子どもにとっては一番良い遊び、運動だと思います。

鬼ごっこ以外にも、学校の休み時間にドッジボールをやったり、鉄棒をやったり、野球ではあまり使わないような筋肉を動かすことができる運動はたくさんあります。そういったことが少しずつ、少しずつ積み重なっていくことで、走力や運動神経に良い影響を与えていくのではないでしょうか。

野球のレベルが高校、大学と上がっていくにつれて、より高度な動きや反応、身体操作性が求められるようになります。ゴールデンエイジ期にいろいろな体の動かし方を経験している選手とそうでない選手とではここで大きな差が出てくると思います。中学、高校に上がってからでは、ゴールデンエイジ期のように脳も体も習得してくれません。

小学生時代に野球だけを突き詰めていって上手くなっても、いつかどこかで頭打ちになってしまうように思います。だからこそアカデミーや少年野球の練習では、野球以外のいろいろな身体の動きを意識して積極的に取り入れる必要があると思っています。野球が上手くなりたければ野球以外の運動もたくさんやることが大切です。それはいますぐ結果につながらないかもしれませんが、将来必ず役に立つ日がやってきます。急がば回れです。

［〜1997年］

幼少期から小学生時代の振り返り

- 小さい頃から外でよく遊んだ
- ゴールデンエイジ期にいろいろな運動・スポーツをした
- 伸び伸び野球のチームだったから恐れずにチャレンジができた
- 「自分で考えて自分でやってみる」成功体験が積めた
- 目的を意識しない練習では駄目だと気付いた
- 練習時間が短かったから「もっと練習がしたい」と前向きになれた

写真：著者提供

第二章

公式戦0勝の中学時代

野球未経験の顧問、同級生は5人だけ

中学では軟式野球にするか硬式野球にするか？　野球の上手い子であれば、どっちにするか迷うこともあるかもしれません。でも当時の僕は迷うことなく地元の更埴市立屋代中学の軟式野球部に入部しました。なぜなら近隣に硬式クラブチームがありませんでしたし、どこからも声をかけてもらえなかったから。中学の軟式野球部に入部する以外に選択の余地がなかったのです（そもそもボーイズリーグ、リトルシニアという中学硬式野球の存在を高校卒業するまで知りませんでした）。

中学の野球部が弱いということは、一足先に入部していた兄を通じて知っていました。前述したように、剣道では強豪中学から声をかけていただいていたので剣道の道に進むという選択肢も一応はありました。でも好きなのはやっぱり野球。両親も「自分の好きな方をやりなさい」と、僕の意思を尊重してくれました。

少年野球のときは「同級生が10人いて練習時間が短くても強かった」と書きましたが、

中学ではそのチームメイトの多くがバスケットボール部やサッカー部に流れていき、同級生は5人だけ。顧問も野球未経験の理科の先生で練習にもほとんど来てくれませんでした（未経験なのに顧問を押しつけられて先生も大変だったろうなと思います）。良く言えば生徒の自主性を重んじた放任主義の野球部でした（笑）。

楽しかった中学軟式〝草〟野球

そんな野球部でしたので、練習メニューは3年生が主導してその日にやりたいことや思いついたことをやっていました。それで強いはずもなく、大会に出ればいつも初戦敗退。地区予選すら一度も勝ったことがない、むちゃくちゃ弱いチームでした。おまけに試合には上級生が優先して出るという、実力主義とは正反対の決まりがあり、最上級生になるまで試合にも出られない日々を過ごしました。でも当時は試合に出られないから悔しい、誰かに野球を指導してほしいなどとは思っていませんでした。毎日授業が終わって仲間と野球をするのがただただ楽しい。そんな毎日でした。

ようやく自分達の代になると、僕は副キャプテンに就任。目標は二つ上、一つ上の代が県大会に進めていなかったので、地区大会を勝ち抜いて県大会に進むこと。でも目標はあっても、そのためにどんなことをしていけば良いのかまでは考えていませんでした。

自分が練習メニューを考える立場になりましたが、「これまでのやり方を改めて大会優勝に向けて厳しい練習をやっていく」とはなりませんでした。相変わらずやっていたのは楽しい練習メニューばかり。ダッシュや走り込みといったきついメニューは一切なし。ベースランニングすらやりませんでした。ウォームアップで軽く走ることもせず、素振りもなしにいきなりフリーバッティングから練習がスタート。

別のグラウンドで練習を行うときにはベースを持って行くことを忘れてしまい、そこらへんに落ちていた空き缶とポテトチップスの空き袋をベースに見立てて置いて練習をしたこともありました。軟式野球部というよりも「軟式〝草〟野球部」という呼び方の方がしっくりくるような野球部でした。

そんな練習を週6でやってはいましたが、日が傾き暗くなるとみんなさっさと帰ります。僕らが3年生になっても悪い伝統は変わらないままでした。

ぶっつけ本番の大会で初戦コールド負け

「これでは駄目だ」といまでは分かるのですが、当時はそんなことは全く思っていませんでした。なぜなら練習試合を一試合もやったことがなかったから。

顧問が野球未経験のため、他校の野球部とのつながりもなく、練習試合を組んでもらえなかったのです。だから自分達のレベルが高いのか低いのか、自分達の代のチームが強いのか弱いのかもよく分かりませんでした。

例えばボールがちょっと速くなったとか、カーブが決まりだしたとか、打球が飛ぶようになったとか、練習で実感することはあっても果たしてそれが試合で通用するのかどうか。それを判断する機会がなかったのです。

僕達は自分達の実力を確認する機会もないまま、中学最後の大会に半ばぶっつけ本番で臨みました。大会には顧問が来てくれてベンチ入りはしていたのですが、野球未経験ですから作戦やサインは全く分かりません。ではどうしたかというと、自分達が代わりにサインを出すわけでもなく、大会のときだけ来てくれた外部コーチがベンチの外から「先生、ここはバントでいきましょう」などと、顧問にトランシーバーで指示を出していました（笑）。

僕はピッチャーで四番。球速はありませんでしたがコントロールには自信があり、余計なフォアボールはほとんど出しませんでした。でも味方がしっかり守ってくれないと野球の試合は勝てません。結果は初戦で0－7のコールド負け。負けても悔しさはなく「だろうな」という思いしか湧いてきませんでした。

ちなみに僕達の次の代から野球経験者の顧問に代わったのですが、そうしたらエントリーする大会が急に増えたのです。「大会が増えてうらやましいなぁ」なんて思っていたのですが、実はどれも前からある大会ばかり。前の顧問がエントリーしていなかった（知らなかった）だけで、僕達にも本当はもっと大会や試合を経験する機会はあったのです。

教科書はプロ野球中継

中学3年間、僕は公式戦0勝という最弱チームで過ごしました。それでも「上手くなりたい！」という気持ちだけは絶えず持ち続けていました。

野球を教えてくれる大人はいなかったので技術指導なんて誰からも受けたことはなく、自分で上手くなるしかありませんでした。まだＹｏｕＴｕｂｅなども一般的ではなかった時代、僕にとっての教科書はテレビ中継の巨人戦でした。高橋由伸《たかはしよしのぶ》さんが同じ左バッターということもあり、タイミングの取り方や打つときの肘の使い方などを画面に食い入るように見ていました。テレビを見てはすぐに庭に出て「こんな感じかな？」とバットを振る。またテレビの前に戻って「いや、こうかな？」と思ったらまた庭に出てバットを振る。

投げる方では桑田真澄《くわたますみ》さんをお手本にしていました。でも桑田さんの投げ方をそのまま真似るのではなく「桑田さんはこう投げているけど、自分はこういう体格でこういうフォームだから、ここは違うよな」と自分なりに考えながらシャドーピッチングをしていました。

ピッチャーをやらないときはショートを守っていたので、ショートの選手の動きも必死に追っていました。捕る、投げるはもちろん、カバーリングの動きやランナーがいる状況で相手打者に右中間を破られたらどう動いているのか？　左中間を破られたときはどう動いているのか？　ランナーが一塁のとき、得点圏にいるときはどうか？　ショート以外のポジションはどう動いているのか？

「なるほど、この場面ではこうやって動くのか」

そんな視点でナイター中継を見ていました。僕にとってナイター中継は学びの宝庫、教科書そのものでした。

テレビの他には野球の本からも多くのことを学びました。いまほど種類も多くなくて「これは何年前に発売された本だろう……」みたいな、ちょっと古い本でも穴が空くほど読んでいました。当時唯一投げられた変化球はカーブでしたが、それも本を見て、自分に合った握り方や角度をいろいろと試しながら、しっくりくる投げ方を探しながら習得しました。

自分で見て、読んで、考えて、試してみる。そして修正してまた試す。そんな試行錯誤を重ねて1人で練習をしていました。教えてくれる人がいなくても工夫次第でいくらでも練習はできるのです。

「もう1人の自分」をコーチにする

1人で練習するにあたっては、具体的なイメージを頭に描きながら練習することも大切にしていました。

例えば素振りをするときは、相手ピッチャーの身長は170センチくらいで体格はちょっとどっしりした右のオーバーハンド、2アウト一、二塁でカウントは2－2。アウトコース低めの120キロのボール。ここまで具体的にイメージしてバットを振っていました。

家で素振りをやっている子は多いと思いますが、実戦を意識した素振りができている子はあまりいません。楽天イーグルスアカデミーでも「素振りをやってみて」と言うと、最初はなんとなくバットを振っている子がほとんどです。漠然とやっている素振りと、詳細に実戦をイメージしながらやる素振りと、同じ回数を振るならどちらの方が試合で結果につながりやすいでしょうか？


壁当ても同じです。単に的を目がけて投げて狙ったところに当てられた、当てられなかったというのではなく、バッターを想定して投げる。打順は何番で、アウトカウントはいくつで、ランナーはどこにいるのか？　相手バッターの体格はどれくらいで、バッターボックスのどのへんに立っているか？　ステップのときは足がどういうふうに開いて打ってくるのか……そういったことまで想定しながら投げていました。

具体的なイメージが描けたら次は「もう1人の自分」との対話です。

「いまの投球はどうだった？」

「もっとインコースを攻めた方が良いんじゃないか？」

そんなふうにして、自分の目的や課題に対していまのスイングや投球がどうだったかを、客観的に見ることを心がけていました。「もう1人の自分」をコーチにするのです。

1人練習もここまで意識してやっていれば、他の人と大きな差をつけることができるようになると思います。

弱小チームで育まれた「自分で考える」意識

僕は自分がチームのなかで一番上手いと思っている「お山の大将」でした。でも楽天イーグルスアカデミーのコーチとして当時の自分を客観的に見ると、野球の技術、体格、ポテンシャル、どれも普通のレベルの選手だったと思います。将来プロ野球選手になるなんて、全く考えられません。

そんなレベルの選手だったので、どこの高校からも声はかかりませんでした。

野球経験のある顧問がいたら、もっとたくさんの試合を経験できていたら、もっと大会に出てアピールする機会があれば……そんなふうに思うことも少しはありました。でもそれが当たり前だと思っていたので、ジレンマというか、そこにイラついたりストレスが溜まることはありませんでした。強豪高校で勝負したいという気持ちにもなりませんでしたし、野球ができるなら高校もどこでもいいと思っていました。

中学時代を前向きに捉えるならば、誰かに教えてもらうという受け身の姿勢ではなく、「上手くなりたいなら自分で調べて自分で考えてやる」。そんな意識が育まれた期間だったと思います。その意識が後に自分の武器となり、未来を切り拓くことにつながるとは、このときは思っていませんでした。

［1998～2000年］

中学時代

の振り返り

●チームが弱くても「上手くなりたい」気持ちは持ち続けた

●プロ野球中継を教科書にして学んだ

●本を読んで試行錯誤を繰り返した

●具体的に相手や場面を想定した1人練習をしていた

●「もう1人の自分」と対話しながら練習を行った

●「自分で調べて自分で考えてやる」意識が育まれた

写真：著者提供

第三章

同級生が2人だけの弱小高校

同級生は2人だけ

高校は地元にある長野県松代《まつしろ》高校へ進みました。中学時代に練習体験会に参加させてもらっていましたし、中学の先輩達も多く進んでいて家からも近かったので「ここでいいか」という感じで決めました。勉強があまり好きではなかったですし、大学に行くよりも早く働きたいという気持ちと、ワープロや簿記などいままでと違うことにもチャレンジしてみたいという思いもあって、普通科ではなく商業科を選びました。

入部してみて驚いたのは同級生が自分を含めて3人しかいなかったこと。さらにそこから1人がすぐに辞めて最終的には2人になりました。一つ上の代は16人。一つ下の代も16人、その下は18人ぐらいいたのですが、なぜか中学時代から僕の代だけ部員が極端に少ないのです……。

楽すぎた中学時代とうって変わって高校での練習はキツくなり、上下関係も少しは厳しくなりました。当時は何かあったら先輩に集合をかけられて「厳しい指導」を受けるという文化が高校野球全体にまだあった時代。松代でも僕らの一つ上の代まではありえないくらい厳しい上下関係があったそうなのですが、僕らの代では影を潜めていました。なぜならば2人しかいない1年生をこれ以上減らすわけにはいかなかったから。

小中とゆるいチームで伸び伸びとやってきた僕にとっては、急激に厳しくなって野球が嫌いになることもなく、そういう面では同級生が少なかったことも幸運だったのかもしれません。

教えてくれない柳澤先生

野球部の顧問は丸子実業（現長野県丸子修学館）で選手としてセンバツ甲子園にも出場経験がある、明治大野球部出身の柳澤博美《やなぎさわひろみ》先生。

中学時代に教えてくれる人がいなかった僕にしてみたら、いろいろな技術を教えてもらえると期待していた部分もあったのですが、柳澤先生から技術的なことを教えてもらうことはありませんでした。特にバッティングは「こういう打ち方にしなさい」とみんなを集めて指導するのですが、僕にだけはいつも「聖澤はいい。自分の形でやっていいから」と教えてもらえませんでした。柳澤先生からはバッティングに限らず、捕る、投げるも指導を受けることはありませんでした。

ただ、指導を受けないことと怒られないことは別の話。ノックでは打球が捕れなくては怒られ、悪送球してはまた怒られる。でも「なにやってんだ！」と怒鳴られるだけ。「こうなっているからこう投げてみろ」そんなふうに上手くできない理由までは教えてはくれません。そして同じミスをしたらまた怒鳴られる。

「だったら教えてくださいよ！」と心の中では思うものの、さすがに口には出せません……。

形はどうでもいい。とにかく止めて、投げてアウトにすればいい。上手くなるためには数多くノックを受けて体で覚えろ。高校時代の守備練習はそんな昭和の香りが残る練習でした。

そんなノックを連日受けていて、あるとき僕は気付きました。

どうすればスムーズに捕球して送球ができるのか？　それは自分で考えるしかない。誰かに教えてもらうのではなく、技術は自分で考えながら、試行錯誤しながら身に付けていくものなのだと。

何のことはありません。それは僕が中学時代にやっていたことと同じなのです。教えてくれる人がいなかった中学時代は、やむを得ず自分で考えながら練習をしていましたが、指導者がいてもいなくてもやることは同じだったのです。

ちなみに、僕にだけバッティング指導をしなかったことを、柳澤先生は後年、新聞（朝日新聞長野版2018年4月7日朝刊）でこんなふうに振り返られていました。

「バットの芯でとらえる打撃センスは抜群だった」

「バットコントロールはすばらしかった。打撃フォームを指示して身につけさせるのが一般的な指導法だが、聖澤にはのびのびと打たせた」

型にはめないこと。それこそが指導だったのだと知り、いま改めて感謝しています。

芽生えた自信

入部当初はボールの違いに戸惑うこともありました。特にバッティングは芯を外すと手が痛いですし、逆方向に打球が飛びません。長打も打てなくて苦労しました。それでも元々ミート力はあった方だと思いますし、徐々に慣れてくると練習で快音を連発するようになり、1年にしては結構打てている自信はありました。とはいえ、ついこの前まで中学生だった自分と高校でそれなりに鍛えられてきた上級生との力の差は明白で、1年の夏はベンチ入りすることはできませんでした。

余談ですが、僕が1年だったこの頃、長野商業の3年にすごいピッチャーがいました。トヨタ自動車を経て後にオリックス、日本ハムで活躍される金子千尋《かねこちひろ》さんです。対戦する機会はありませんでしたが当時から長野県内で評判のピッチャーでした。

県大会で毎年一、二回戦負けしてしまうような弱小校の僕達は、練習試合の対戦相手も自分達と似たようなレベルの高校ばかり。相手ピッチャーの球速もいつも110キロ台くらいで、130キロ以上のボールを投げるピッチャーと対戦したこともありません。そんな僕達からしたら、金子さんのボールなんてもう想像できないレベルで終わりました。

弱小校の松代に集まってくるのは、地元の中学で軟式野球をやっていた選手ばかり。特別上手いわけでもなく、僕と同じように「ここでいいか」と集まってきた普通の選手達。

そんな野球部でしたので、スタンドから応援した初めての夏は初戦敗退で終わりました。

3年生が引退したあとの新チームでは四番を任されるようになり「先輩達にはもう何も負けてない」そう思えるくらい、バッティングの自信を深めていました。

自信は別のところにも芽生えていました。高校からポジションがショートになったのですが、中学時代に試合もほとんど経験していなかった僕はショートでの経験が圧倒的に足りていませんでした。それでもナイター中継を観て学んでいたことがシートノックや実戦形式の練習のなかで自然にできて、ショートの動きが分からなかったり戸惑うことはありませんでした。

ショートの動きにとどまらず、状況に応じた野手全体の動きや野球のセオリーという部分でも「先輩達よりも自分の方が詳しいのではないか？」むしろそんなふうに思っていました。

バッティングも守備も自信満々。中学時代もそうであったように、高校でも徐々に「お山の大将」になっていった僕ですが、柳澤先生に褒められることはありませんでした。特に新チームになってからは、打率はチームダントツの・553、ヒット数も2位の選手の倍近い63本。それくらい突出した結果を残していましたが、それでも褒められることはありませんでした。

褒められるとすぐに調子に乗る性格だと見破られていたのか、僕の能力を認めてくれつつも天狗になることを許さない、そんな先生でした。

ちなみにこの頃、富山県の新湊高校と練習試合を行いました。高校時代に対戦した高校で新湊が一番強い高校だったのですが、結果は0対16の大敗。バッティングに自信のあったはずの僕は3打席全て三振。全く歯が立たず、天狗になる余裕なんてどこにもありませんでした。

2試合目も0対19で大敗し、とにかくコテンパンにやられました。

目標設定と自己分析

小学校の頃に強く抱いた「プロ野球選手になる」という目標は、中学、高校と進むなかでだんだん現実味が薄れていき、この頃は目標として考えられませんでした。

「最後の夏にブロック予選を突破して県大会に出る」

「最後の夏に私学を倒す」

高校に入学してからは漠然とそんなことを目標にしていました。後にプロ野球に進む選手にしてはなんとも志の低い目標です。

「目標は『ひと頑張りすれば達成できる』くらいの設定にすることが大事」

2年の秋を迎える頃だったでしょうか、柳澤先生が目標についてそんな話をしてくれました。

例えば当時の松代で「来年甲子園に出る」という目標を設定しても、目標があまりにも高すぎて現実味がありません。誰も本気で目標に向けて取り組まなかったと思いますし、何をすればいいのか見当もつきません。そうではなく「ひと頑張りすれば達成可能な目標」を立てる。目標が定まったら、今度はそれを達成するために何をすれば良いのか、中期、短期という視点で考える。

自分が目標にしていた「最後の夏にブロック予選を突破して県大会に出る」「最後の夏に私学を倒す」という目標は、目標として大きすぎることもなく、ひと頑張りすれば十分に達成が可能な目標でした。でも中期、短期で何をするのかという視点がなかったので、具体的に何をしたら良いのかまでは自分でも分かっていませんでした。そこで柳澤先生の話を聞いて、次のような中期、短期の目標を考えました。

「中期目標」《秋から春にかけて振る力をつけてパワーアップする》

最後の夏は自分が打ちまくらないと勝てないと思っていたので、3年の春から夏にかけてホームランを量産できるバッターになっておきたいと考えました。

「短期目標」《筋トレ、ティー、素振りを一週間で○本やる》

「中期目標」を達成するためには、冬の間に振る力をつけないといけない。そこで週単位で筋トレとバットを振る回数を定めて目標にしました（このときの素振りもきちんと課題を設定した上で行う）。

このようにして中期、短期の目標を設定しました。


もう一つ柳澤先生に教えていただいて実戦していたことがあります。それは「自己分析」です。

例えば《筋トレ、ティー、素振りを一週間で○本やる》という短期目標を「一週後にできたのか？／できなかったのか？」を振り返る。ただ振り返るだけでなく、「なぜできたのか？／なぜできなかったのか？」までをしっかりと振り返ります。これは「反省」という呼び方が近いかもしれませんが、「反省」と呼んでしまうと悪いこと、マイナスのことばかり探してしまうので、あえてそうは呼ばずに「自己分析」と呼んでいました。「自己分析」であれば良かったことも悪かったことも両方振り返ることができるのです。

「自己分析」で大事になるのは自分に嘘をつかずに素直に分析をすること。自分に嘘をついて自己分析をしても自分の成長につながりません。

例えば目標が達成できなかったときは「あそこでもっと練習できたはずなのに眠気に負けて妥協してしまった」と素直に振り返ります。そうすれば次に同じ状況になったときに「これでは前と同じだ」と気付くことができます。

そうやって、常に小さな目標を達成していく。達成できればまた次の目標に向かっていく。それを繰り返していました。

それまでは野球はとにかく技術だと思っていましたが、「考え方」次第で技術が伸びたり変わりもするということを柳澤先生が教えてくれました。

それまでも考えながらやってきたつもりでしたが、この話を聞いてより考えて練習をするようになったと思いますし、それによって成長させてもらったと実感しています。

どこかで誰かが見てくれている

冬の間の目標設定と自己分析の成果なのか、それまで高校入学から2、3本しか打っていなかったホームランを3年の春から夏にかけての練習試合などで一気に15本以上量産することができました。

春の長野県大会でもホームランを打ったのですが、これが公式戦で打った唯一の1本でした。その1本を「流しのブルペンキャッチャー」として有名なスポーツライターの安倍《あべ》昌彦《まさひこ》さんがたまたま見てくれていて、夏の大会前に発売された『野球小僧』(現『野球太郎』竹書房)というドラフト候補選手などを紹介する雑誌に僕のことを書いてくれたのです。写真付きではありませんでしたが、安倍さんがオススメの選手を紹介するようなコーナーのなかで「大会でスタンド中段に放り込むパワーとしなやかさ」そんな一言コメント程度でしたが、僕の評価を書いていただきました(選手評価は「△」でしたが)。

雑誌に載ったことで、クラスメイトや友達からは「すげえじゃん!」「おまえヤバくねえか」などと言われ、ちょっとだけチヤホヤもされましたが、あとから聞いた話によると柳澤先生はこのときも「聖澤が天狗にならないように厳しくやっていこう」とコーチと話していたそうです。

ドラフト雑誌に載ることは嬉しい出来事でしたが、だからといってプロから調査書が届くわけではありません。僕自身もプロ野球を身近に感じることもなければ「もしかしたらプロ野球選手になれるかも!?」といった気持ちが湧いてくることも全くありませんでした。でもこのとき、小さく雑誌に取り上げられたことで、僕の運命の歯車が静かにまわり始めていたのでした。

後に大学野球でキャプテンになってみて知ったことですが、大学野球部の多くがそういった専門雑誌などに載った高校3年生に対して、学校宛てにセレクションの案内を送るのです。実際にプレーを見ていなくても「雑誌に載っているくらいだから光るものがあるのだろう」と、半ば数打ちゃ当たるという感じで案内を送るのです。

安倍さんの記事を見て送ってきたのかは分かりませんが、後に僕のもとにもセレクションの案内が届くことになるのです。

安倍さんからは後にビデオテープと手紙が送られてきました。手紙には「授業中も柔らかいボールを握って握力をこうやって鍛えた方がいい」などとトレーニング方法が親切に書かれてあり「弱い高校だけど君はいいものを持っている。諦めたら駄目だよ」というような励ましの言葉も書かれてありました。

　ビデオテープには強豪校の良いバッターのヒット、良いピッチャーの投球の映像が集められていました。「君よりすごい同級生が世の中にはたくさんいるのだから、現状で満足することなく、もっと目線を上げて、視野を広げて向上心を持ってやりなさい」そんな意味で送っていただいたのだと思います。たまたま僕のプレーを見ただけなのに、ここまでしてもらってありがたい限りです。どこで誰が見ているか分からないからこそ、常に全力でプレーしないといけないと改めて思いました。

　安倍さんにはすぐに御礼の手紙を書きました。直接お会いはできていませんが、いまも感謝の気持ちでいっぱいです。

　ちなみに僕と同い年の「君よりすごい同級生」には、はセンバツで優勝した広陵のバッテリー、エースの西村健太朗《にしむらけんたろう》（元巨人）とキャッチャーの白濱裕太《しらはまゆうた》（元広島）。浦和学院の須永英輝《すながひでき》（元日本ハム、巨人）、遊学館の小嶋達也《こじまたつや》（元阪神）などがいました。

「野球を辞めて就職します」

最後の夏は赤穂高校に2－5で初戦敗退。僕は四番ショートで出場して4打数1安打。高校野球の幕はあっけなく閉じました。

それでも3年間、手を抜かず一生懸命にやった結果だったので、全部を出し切った、やりきったという満足感がありました。だから涙は出ませんでした。

高校3年間の最高成績は2年夏の長野大会3回戦。通算ホームランは19本でした。

硬式でやる野球は一つの区切りがついた。卒業したら地元で就職して草野球でもやろう。そう思っていました。

当時の松代の卒業生は地元で就職するか、専門学校に進む人が圧倒的に多く、大学に進学する人は少ない学校でした。僕も入学当初から大学に進むつもりはありませんでしたし、夏の大会後には「野球を辞めて就職します」と柳澤先生には話していました。

「大学からセレクションの話が来ているぞ」

初めて聞かされたのはそのときでした。しかも國學院大と拓殖大、中央学院大の3大学から話が来ていると言うのです。どこにある大学なのかも分からなかったのですが、そのなかで僕個人宛てに案内を送ってくれていたのが國學院大でした（あとの二校は学校宛てに案内が来ていました）。

自分が大学で野球をやるなんて考えたこともありませんでしたし、正直どこの大学が良いのかも分かりません。卒業後に県外に出て行くことも考えたことがありませんでした。早く働きたかった僕は「大学に行く気はありません」とはじめは断わったのですが、それでも柳澤先生からは「とりあえず受けに行け」、親からも「監督も行ってこいって言っているから、とりあえず行ってきたら？」と言われ、渋々受けに行くことになったのです。柳澤先生がセレクションを受けるように薦めてくれたのは「聖澤が野球を辞めるのはもったいないと思ったから」。そんなことを聞いたのは、僕がプロに入ってだいぶ経ってからでした。

ワクワクした大学野球のセレクション

「東京の大学に行って野球を続けたら結構なお金がかかりそうだけど、家計の方は大丈夫なのかな？」

そんなお金の心配が頭をよぎりながらも三つの大学のセレクションを受けてまわりました。セレクションを受ける選手のレベルが一番高かったのはやはり國學院大でした。当時は二部だったとはいえ、さすがは東都大学リーグに所属する大学です。150人くらいが受けに来ていて、聞いたことのある強豪校の選手ばかり。僕はショートとして参加していたのですが、スピード感のない野球しかやったことがなかったので、ボール回しの段階から周囲のレベルの高さに圧倒されました。7人いたショートのなかでは僕の実力は誰が見てもダントツで7番目。同級生達のプレーを見ては「敵わないなぁ……」と感じていました。

強豪校の選手達の動きは速いし肩も強い。難しいボールを捕って二塁に柔らかくピュッっとトスをしたり、シニア、ボーイズの時代から仕込まれているというか、プレーも洗練されていました。僕の中学時代といえば、ポテトチップスの袋をベースにして野球をやっていたくらいでしたから、そんな頃から質の高いプレーを叩き込まれている彼等に敵うはずもありません。

でもそこで萎縮したり「絶対落ちる」とマイナス思考に陥ることはありませんでした。ずっと長野の田舎で野球をやってきて、常に自分が一番上手い「お山の大将」でしたから、自分より上手い人達がたくさんいることがむしろ新鮮でした。

「こんな選手達と一緒に野球ができるっていいな、自分もまだまだ上手くなれるな」

不安よりもそんなワクワクした気持ちが勝っていました。

『ドラゴンボール』の主人公・孫悟空が自分よりも強い敵に出会うと「オラ、ワクワクすっぞ」と言っていましたが、それと同じような感覚です。彼等とチームメイトになって一緒に野球ができるのであれば、試合に出られなくてもいい、練習の手伝いでもいいとさえ思っていました。

渋々受けたセレクションでしたが、気が付けば「受かりたい！　一緒に野球がやりたい！」そんな気持ちになっていました。

倍率10倍のセレクションを突破できた理由

二日間に渡って行われるセレクションは、初日で約半分の参加者が落とされます。初日の僕はといえば、バッティングはまぁまぁという感じでしたが、ショートの守備は案の定全然駄目。ですが得意の走力テストでは50メートルを6・0秒で走り、これが全体のトップタイムになりました。当時一番自信があったのが足で、次にバッティング、守備の順でしたが、その通りの結果を残し、なんとか初日のセレクションを突破することができたのです。

その日の夜、國學院大の竹田利秋《たけだとしあき》監督と初日の試験を突破した70人で、面談というかミーティングのようなものが行われました。竹田監督のことは、柳澤先生から「東北高校と仙台育英で何度も甲子園に出ているすごい監督」ということは聞いていましたが、こちらはなんせ弱小校の選手です。別世界の話すぎて、正直そのすごさがいまひとつピンときていませんでした。

竹田監督には「いままで（中学、高校と）ずっと弱いところでやってきて、どうやって練習していたんだ？」と訊かれたので、僕はこう答えました。

「誰も教えてくれる人がいなかったので野球中継を見たり、本を読んで勉強して、自分で考えながらやってきました」

その答えが良かったのか、

「そういうやつは絶対に伸びる。大学野球も良い監督がいるから伸びるとかじゃないんだ。そうやって自分で考えて野球をやっているやつは必ず4年間で伸びる」

「いまは下手くそでも、練習方法も知らない、センスだけでやってきたやつよりも自分で考えながらやってきたやつの方が伸びる可能性がある」

そんなことを言っていただきました。

翌日のセレクション二日目。

「大学では足を活かして外野をやりたいです」と竹田監督に伝えました。ショートではやっぱり強豪校出身の選手達とは勝負にならないと思ったのです。自分の実力と周囲の実力を比べてどうなのか？　自分が勝負できる武器は何なのか？　そういったことを考えてのことでした。これも一つの自己分析ですよね。

後日、セレクションを受けた三つの大学全てから合格をいただきました。でも僕個人宛てにセレクションの案内をいただいていたこと、選手のレベルが一番高かったこともあり、國學院大を選ぶことに迷いはありませんでした。

こうして弱小校出身で何の実績もない僕は「未知数枠」のような形で、東都大学リーグの名門、國學院大で野球を続けることになったのです。

［2001〜2003年］

高校時代
の振り返り

- チームが弱くても「個」の力は伸ばせる
- 誰かに上手くしてもらおうと思わなかった
- 「自分で上手くなる」という前向きな思考
- 他人や環境のせいにしない
- 目標設定は「ひと頑張りすれば達成できる」くらい
- 目標を定期的に「自己分析」で振り返った

写真：著者提供

第四章

東都の名門・國學院大學硬式野球部

お金がかかる大学野球

野球雑誌に小さく載ったことで拓かれた大学野球への道。セレクションに合格することができ、いよいよ國學院大の大学生として、硬式野球部員としての生活が始まりました。ただし、セレクションに合格したからといっても僕は特待生ではないので入学金はもちろん、学費、寮費などは全て親に負担してもらいました。寮費の1万円には水道光熱費、食費も含まれているのですが、日曜の夜のみ食事が出ないので各自で食べに行くか自炊をするしかありません。國學院大の野球部には部費はありませんでしたが、毎年2月後半から行われる沖縄キャンプのための積み立てが毎月1万円、その他にも毎月の仕送りが5万円。毎日練習ばかりしているのだから仕送りなんていらないと思われるかもしれませんが、國學院大の野球部員はアルバイトが禁止。日曜夜のご飯代はもちろん、スパイクやバッティングの手袋、アンダーシャツ、消耗品などに結構お金がかかるのです。

小学生のときに無理を言って始めさせてもらった野球で、大学生になっても親に多額の負担をしてもらう。そのことで「野球をやらせてもらっている」という親への感謝の気持ちは一層強くなりました。

同級生はセレクションに合格した15人と系列付属高校から特別指定校などで入ってきた部員も含めた22人。でも学年が上がるにつれて徐々に部員は減っていき、最終的に残ったのは10人だけ。例年、部員は半分くらいしか残りません。チームとしては4学年全員で毎年55人から60人くらいに落ち着きます。

初めての寮生活

初めての寮生活は先輩との2人部屋。有望な下級生には優秀な上級生がペアになって英才教育を施すことが多かったのですが、僕が同部屋になったのは浦和学院出身の4年生で、外野手のレギュラーだった榎本貴成《えのもとたかなり》さん。僕もちょっとは期待されていたのかもしれません。

強豪ひしめく東都大学リーグの野球部の寮生活と聞くと、怖い先輩、厳しい寮生活を想像されるかもしれません。でも國學院大の先輩方は全く怖くありませんでした。先輩のスリッパを並べる、先に風呂に入らない、先にご飯を食べないなど、上下関係のルールはその程度。國學院大には上級生が率先して「下級生が生活しやすい環境を作る」という伝統があり、理不尽な上下関係に苦しむこともありませんでした。

例えば、下級生が洗濯機を使う順番待ちの列に並んでいて、そこにあとから先輩が来ても「お先にどうぞ!」とはなりません。何年生だろうが並んだ順に使います。「おい、洗っておけ」と先輩から洗濯物を押しつけられることもありません。トイレ掃除も4年生が率先して行っていましたし、雑用なども基本的には上級生が担当。大学体育会で昔から言われている「4年は神様。1年は奴隷」のような世界とは無縁でした。

寮で問題が起こったときに竹田監督に怒られるのも4年生。4年生が怒られる姿を見る下級生は「4年生が自分達の代わりに怒られている。普段お世話になっているのに申し訳ない……」「4年生に迷惑をかけないように寮での生活態度を正していかなければ」と気持ちが引き締まりました。


竹田監督は旧来の1年生と4年生の役割を変える、いまでいう「体育会イノベーション」のようなことをいち早く取り入れていたのです。だから僕も上級生になったときには同部屋になった下級生がやりやすい環境を作ることを意識しました。これは國學院大野球部の良い伝統、良い循環です。

ちなみに当時は二十歳を超えていても野球部員は引退するまで飲酒は禁止で外泊も禁止でした。門限は22時で22時30分には点呼。休みの日でも朝起きてみんなで体操。上下関係が厳しくなかった半面、生活面での決まりごとはやや厳しかったかもしれません。おかげで4年間規則正しい生活を送ることができましたが。

「明元素」と「暗病反」

高校まで田舎でのんびり野球をやっていたこともありますが、國學院大では野球のレベルが一気に三段階くらい上がりました。セレクションのときから感じていたことですが、やっぱり周囲の選手のレベルが高く、僕の持っている身体能力やポテンシャルだけでは埋められない能力差をすごく感じていました。それでも野球のＩＱというか、野球に対する知識の差はさほど感じていませんでした。

「確かに上手いけど、指導者に教わったことをそのままやってきただけじゃないか？　自分は自分で考えながらやってきたぞ」

そんな自負もありました。

とはいえ「未知数枠」で獲ってもらった弱小校出身の僕は、練習のメンバーにも入れないC班からのスタートでした。C班は練習のサポートがメインの三軍のような存在で、A班はいわゆるベンチ入りメンバーで一軍。B班はA班のメンバーと入れ替わりがあったり、虎視眈々とA班入りを狙っている二軍のような存在。バッティング練習や守備練習に参加できるのはB班まででした。

練習メンバーに入れない日々が続きましたが、それでも練習には前向きに取り組めていました。これは入学直後に竹田監督に「明元素《めいげんそ》」と「暗病反《あんびょうたん》」という言葉を教えてもらっていたことが関係しています。

「明元素」というのは現状を打破する言葉で「頑張ります」「できる」「やれる」「やってみる」などの前向きな言葉を指します。反対に「暗病反」は現状を維持する言葉で、「忙しい」「疲れた」「難しい」「できない」などの後ろ向きな言葉を指します。

野球にはミスや失敗はつきものですが、例えば練習試合でミスをしてしまったときに「課題が見つかって良かった」「もっともっと練習をして上手くならないと」と前向きに考えるのか、「もう駄目だ」「試合に出たくない」と後ろ向きに考えるのか。この考え方の違いが、その後の練習に対する姿勢の違いになって表れてくるのは言うまでもありません。

「明元素」「暗病反」の言葉は、グラウンドやトイレなどにラミネートがたくさん貼られていて、日頃から意識することを求められてました。

入学直後からメンバー入りして四番を打ったり、主力として投げている同級生もいましたが「いまは技術で負けていても、このまま練習をしていけば必ず追い抜ける」。僕はそんな前向きな気持ちでいました。だから大学入学後の目標が《4年で同級生達を追い抜く》になるのは自然なことでしたし、それを達成する

明元素《めいげんそ》			暗病反《あんびょうたん》		
進歩向上の言葉			退歩衰退の言葉		
充実している	頑張ります	簡単だ	忙しい	疲れた	難しい
おもしろい	できる	すてきだ	つまらない	できない	いやだ
楽だ	やれる	金がある	困難だ	ダメダ	金がない
おいしい	まだ若い	きれいだ	まずい	もう年だ	きたない
努力します	利口だ	幸せだ	どうしよう	バカだ	不幸だ
やってみよう	楽しい	元氣だ	やりたくない	おもしろくない	困った
素晴らしい	試みる	イケル	マイッタ	苦しい	つらい
可能だ	美しい	うれしい	失敗した	わからない	大変だ

入学直後に竹田監督から教えてもらった「明元素」と「暗病反」

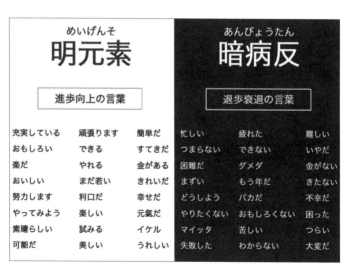

ために「中期目標」は《練習メンバーに入る》、「短期目標」は《いまの自分にできることを毎日一生懸命にやる》そんな計画を立てて、毎日グラウンドに出ていました。

アピールから掴んだ小さなチャンス

相変わらず練習に参加できない日々が続いていましたが、《いまの自分にできることを毎日一生懸命にやる》を実践し続けていました。バッティング練習では自分は打たせてもらえませんが、手を抜かずに外野で一生懸命に打球を追う。先輩へのティー上げでも「どういう形で打っているのか？」と技術を盗もう、吸収しようと思いながら一生懸命に声を出してボールを一球一球上げる。それを数カ月間続けていました。

ある日のフリーバッティングの練習。僕はいつものように外野の守備を一生懸命にやっていると「あの1年、動きが良いな。ちょっと打たせてみよう」と首脳陣から声がかかりました。それが入部して初めてのバッティング練習になりました。ティー上げをしているときにも「いいなお前、チームのプラスになる良い声かけをしている。ちょっと打ってみろ」と言ってもらったり、そうやって、少しずつチャンスを与えてもらえるようになりました。

いただいたバッティング練習のチャンスでは、結構良い打球を連発できていました。それはもともと持っていたセンスとか、偶然などではありません。いつチャンスが訪れても良いように夜間練習などでしっかり打ち込みを行うなど、ずっと準備をしていたからです。プロ野球の世界もそうですが、実績がない若手選手はまずチャンスをもらうまでが大変です。そのためにはベンチで大きな声を出して、まずベンチ要員の座から勝ち取ることも僕は大事なことだと思います。そこで認めてもらうことで次に小さなチャンスをもらうことができる。チャンスがいつ来ても良いように常に万全な準備をしておく。そういったことの積み重ねが、少ないチャンスで結果を出すために必要なことだと思います。チャンスをもらってから準備をするようでは遅いのです。

1年後、気が付けばレギュラーに

たまに打たせてもらっては快音を響かせる。そんなことが何度か続くと、キャプテンや学生コーチが竹田監督にこんな進言をしてくれました。

「この前から聖澤のバッティングが良いです。C班からB班に上げてバッティング練習のローテーションに入れようと思います」

こうして僕はB班に昇格し、ようやく練習に参加させてもらえることになりました。入部して五カ月、太陽が照りつける8月のことでした。

B班に上がった後もバッティング練習の内容が良かった僕は、秋のリーグ戦からは代打や代走などの途中出場組として試合に出してもらえるようになりました。

ちなみにこの頃、竹田監督は特待生で入部しても全然試合で投げていない、全然打てていない選手に対して「聖澤は金払って野球をやっているんだぞ！」と練習でよく怒っていました（笑）。

大学野球では出場すると名前と出身校がアナウンスされるのですが、初めて代打で試合に出て「バッター●●君に代わりまして聖澤君、松代高校」とアナウンスされたときは感慨深いものがありました。これも目標にしていたことの一つだったので母校と柳澤先生に恩返しができたなぁと、ちょっとジーンとしてしまいました。

でも当時はまだリーグが二部で球場は神宮第二。「いやいや、神宮球場でアナウンスされてこそだ」自分にそう言い聞かせ、このときは誰にも報告はしませんでした。一部に上がれた3年の秋にようやく神宮球場で試合ができるようになり、改めて自分の名前と母校がアナウンスされたときに「神宮球場に母校の名前を響き渡らせることができました。これからも母校の名前がアナウンスされるように頑張ります」そんな報告を柳澤先生とコーチにさせていただきました。

2年の春からはついにA班に昇格。つい半年ほど前までは練習にさえ参加させてもらえなかった弱小校出身の僕が、気がつけば外野のレギュラーの座を掴んでいました。

強豪校出身の選手達を4年で追い抜くという目標を1年で達成できたのはなぜだろう？

弱小校出身の僕が2年春からレギュラーになれたのはなぜだろう？

その要因を考えてみると「いま自分にできることは何かを考えたから」に行き着きます。

強豪校から来た選手達は、そういう部分の意識が僕よりも低かったように思うのです。

「どうせ今日も打たせてもらえない」

「そのうち試合に出してくれるだろう」

僕にはそんなふうに、マイナスの考え方、受け身の姿勢に映りました。指示されたことをただ守って、ただ待っているだけでは駄目ですし、「暗病反」の考え方ではチャンスは巡ってこないのです。

僕は後にキャプテンになるのですが、1年のときの自分がそうであったように、C班のなかでも頑張っている選手はいないか、常に注意深く見るようにしていました。監督室に行って「こいつはちょっと足が速いのでB班の走塁練習に入れてみましょう」「こいつは夜間練習をすごく頑張っているので少しチャンスを与えたいです」そんなことを竹田監督によく進言していました。

頑張っていれば誰かが見てくれている。頑張っている選手にはいつかチャンスが訪れる。自分が経験したことを後輩にも経験させてやりたい。そんな思いがありました。

「考え方」があって技術がある

高校時代に柳澤先生に教えてもらった「自己分析」は大学でも続けていましたが、大学ではやり方が進化しました。漠然と行うのではなく「心・技・体」に分けて行うようになったのです。

「技術ばかりに目が行きがちだが土台になるのは『考え方』の部分。考え方がしっかりしていれば技術はあとからついてくる。だから自己分析をするにしても『技術』だけではなく、そのときどういう心境だったのか、体の状態はどうだったのかという『心』と『体』の分析も含めて三つに分けてやりなさい」

　入学してすぐのミーティングで竹田監督にそんな話をしていただきました。竹田監督も「自己分析」を大事にされる監督だったのです。

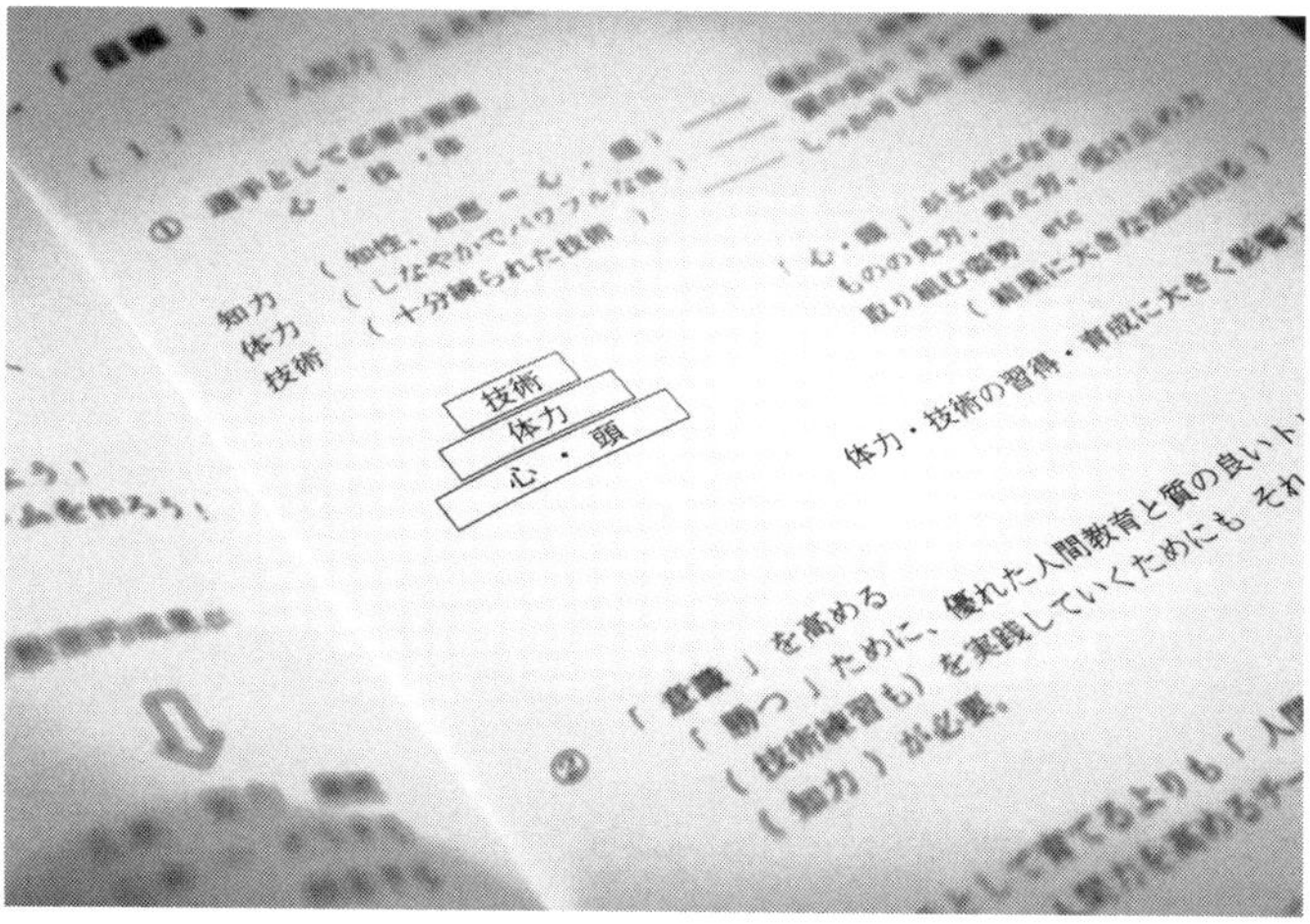

竹田監督の教えがまとめられた冊子

写真：著者提供

その後も三分割されたピラミッドの形を用いて「一番下の一番大きな土台の部分が『考え方』だ。技術は一番上の一番小さな三角形の部分。技術だけを追い求めても、それじゃあなかなか上手くならないぞ」「考え方があって技術がある」そんな話をよくされていました。竹田監督はそれくらい野球において「考え方」を大事にする監督でした。

日常生活のなかで「感性」を磨く

「考え方」を大事にされる竹田監督はミーティングを多く行う監督で、日々の練習時間の半分はミーティングに充てられていました。練習中に何かあれば集合がかけられて、ミーティングがその場で始まります。例えばキャッチボールをやっていて、そこで竹田監督に何か思うことがあったり話したいことがあった場合にはすぐに集合。そのまま一時間、ときには朝から午前中ずっと続くこともありました。だから選手は常にポケットにノートと鉛筆を入れていて、座ってすぐにメモを取ることが習慣になっていました。

ミーティングのテーマはグラウンド内の話に留まりません。例えばこんな具合です。

ファミレスに行ったら、食べ終わった食器を通路側に置いてあげると店員さんは下げやすくて助かるが、せっかく食器を揃えたとしても奥側に置いてしまうとそれは相手のことを考えた行動にならない。常に次の人のことを考える。

スーパーに行ったときにレジが混雑していたら、こっちの列は人が多いけどかごの中身が少ない人が多い。あっちの列はお年寄りが多いからちょっと遅そうだぞとか、どこの列に並べば一番早くレジを済ませられるかを考える。

満員電車に乗ったら、この人は寝ていてしばらく起きそうにない。この人は携帯を見ているからまだ降りなさそうだ。この人はちょっとそわそわしているからもうすぐ降りそうだとか、座っている人をよく観察する。そうやって自分がどの人の前に立てば早く座れそうかを考える。

どれも野球に関係なさそうな話に聞こえるのですが、竹田監督に言わせると「日常生活のなかでも常に自分なりに思考すれば『感性』を磨くことができる」ということになります。

そうやって磨かれた感性が、野球では相手ピッチャーが次に投げるボールであったり、次は牽制がくる、ここでエンドランを仕掛けてくるといったことを感じる力につながるのです。

「グラウンドの外、日常生活のなかにも野球が上手くなるためのヒントはたくさんある。だから日常生活のなかで感性を磨け」

実際、僕も電車に乗ったときは車内で座っている人をよく観察したものでした。

感性を磨くこととともう一つ「人間が野球をする」ということもミーティングでよく話されるテーマの一つでした。

「日常生活がちゃらんぽらんな人間は大事な場面でエラーをする。普段からしっかりした生活をしている人間は良いプレーができる。だから24時間、日常生活も含めた全てが野球につながる。グラウンドのなかだけ一生懸命にやっていれば良いプレーができるわけではない。人間が野球をやっているのだから」

〝日常生活も含めた全てが野球につながる〟

これを疎かにしてしまったことで竹田監督を激怒させてしまったことがありました。

トイレットペーパー事件

僕が4年のときに起こった忘れられない事件が「トイレットペーパー事件」です。

グラウンドのトイレに用を足しに行った竹田監督が、戻ってくると血相を変えて怒っていたのです。怒気を含んだ「全員集合だ！」の声が響くとグラウンドで緊急ミーティングが始まりました。怒りの理由はトイレットペーパーが三角折りになっていなかったこと。

野球部ではトイレットペーパーの三角折りが徹底されていたのです。

「ノーアウト二塁で、自分が犠牲になってでも進塁打を打ってなんとか次の打者に良い形でつなごうという考えが野球には必要だ。それなのにトイレでは次に使う人間のことも考えずにそのままで出ていったやつがいる。トイレの使い方も野球につながってくるんだ！俺はそいつを許さない！　誰だ！」

トイレットペーパーくらいで何もそんなに怒らなくても……。そう思われるかもしれませんが、

「日常生活から隙を見せないことが野球でも隙を見せないことにつながる」

「日常生活で決められたルールを守らないチームは試合でも隙を見せてしまう」

「日常生活も含めた全てが野球につながる」

それが竹田監督が日頃から何度も言ってきたことでしたから、激怒されても仕方がありません。


竹田監督のあまりの怒気に名乗り出る選手はおらず、そこからは選手だけでのミーティング。でも話し合っても名乗り出てくる者はいませんでした。

犯人が分からないまま、キャプテンの僕は竹田監督に選手ミーティングの結果を報告に向かわなければいけません。「また怒られるのかなぁ……」と重い足取りで監督室に向かいました。

「トイレットペーパーを折らなかった犯人は分かりませんでした。でももう一度気を引き締め直してルールを徹底するように話しました」

そう報告すると、竹田監督からは「そういうところがこのチームは駄目なんだよなぁ」と、それ以上怒られることはありませんでした。

でもとりあえずはこれで一件落着……とはなりませんでした。

この事件以来「次の人間のことを考えないのなら、トイレットペーパーは各自で買って、自分の分だけ持って行って使え」ということになり、グラウンドのトイレのトイレットペーパーは撤去されてしまったのです。

プロに進んでからは毎年母校で自主トレをさせてもらっていましたが、グラウンドのトイレを覗くとトイレットペーパーはありませんでした。「トイレットペーパーは各自で買う」ルールがまだ残っていたのです。そんなルールというか、悪しき伝統ができてしまったのは僕らの代の責任です。國學院大野球部の皆さん、本当にスミマセン……。

黙る練習

「トイレットペーパー事件」と並んで「黙る練習」というのもキャプテンとして印象に残っている出来事です。

いつものように竹田監督がミーティングで話しているときでした。「言っていることが分かるか？」と聞かれたのですが、なぜか全員、エアーポケットに入ったように「はい」とも「分かりません」とも何も返事をしなかったのです。

〈あ、まずい！〉

そう思ったのですが時既に遅し。

「お前らもういいよ。黙っていて野球が上手くなるんだったらずっと黙っておけ！」

竹田監督が怒ってミーティングは終了。その後部員全員がホームからライトまで一列に並んでただひたすら黙って立たされました。これが「黙る練習」（笑）。

30分くらいしてから、同級生達が「聖澤、監督に謝りに行ってくれ」というので、仕方なく代表して監督室に行きました。キャプテンというのは本当に嫌な役回りが多いものです。

とりあえず謝罪をしたのですが、立っていた時間が短かったせいか「黙っていたら上手くなるんだろ？　だったらずっと立っていればいいじゃないか」と門前払い。謝罪を受け入れてもらえませんでした。グラウンドへ戻り、また黙って立ち続けるしかありません。

しばらくしてから竹田監督がグラウンドに様子を見に来ました。

「どうだ？　野球上手くなったか？」

〈あぁ、やっと黙る練習も終わる〉正直そう思いました。

僕は待ってましたとばかりに「上手くなりません！」と答えたのですが、その返答が期待するものではなかったのか、竹田監督はまた監督室に戻っていきました。

そこからさらに二時間くらい、ずっと黙ってグラウンドに立ったまま。

「どんな言葉で謝れば監督は納得してくれるのだろう」そんなことを考えながら立っていると、同級生達から「聖澤、もう一回謝りに行ってくれ」と泣きつかれ、僕は重い足取りで再び監督室へ向かうことになりました。

「監督、三時間半黙って立っていたのですが、野球が上手くなりませんでした。今後は監督の言葉への反応を徹底しますので、もう一度ミーティングをお願いします」

それを聞いた竹田監督は「俺が言いたかったのはなぁ」と、いつもの調子で話し始め、こうしてようやく「黙る練習」が終わりました。

長い長い三時間半でした。この時間は、僕もそうですが部員達にとっても「考える時間」

になりました。「はい」でも「分かりません」でもない、無反応という何も生み出さない態度を僕達は取ってしまったのですから。

竹田監督も「考える力」をつけさせるために「返事がなかった」ことを利用したのかもしれません。いまとなってはこれも良い経験をさせていただいたと思っています。

キャプテンは辛いよ

そもそも僕はなぜキャプテンに任命されたのでしょうか？　それは僕も未だによく分かっていません。一つ上の先輩が引退したあと、僕を含めて3人のレギュラーがいたのですが、そのなかから監督、コーチ、首脳陣で話し合って決まったようなのです。

余談になりますが、4年になってから僕は特待生と同じように学費が免除になりました。あるとき竹田監督に呼ばれて「頑張ってきたご褒美だ。1年間だけで申し訳ないんだけど」と特待生と同じ待遇にしていただいたのです。

途中から特待生待遇になった先輩をこれまで見たことがなかったので、こんな制度があることも知りませんでした。

母親は「助かるわぁ」ととても喜んでくれましたし、僕も自分の頑張ってきたことが認められたことが嬉しくて、最後の1年をキャプテンとして頑張るぞと気持ちが引き締まる思いがしました。

僕の前任、一つ上のキャプテンは楽天でも一緒にプレーさせていただいた嶋基宏《しまもとひろ》さん（現ヤクルトコーチ）でした。大学時代の嶋さんは、僕なんかが気安く話しかけられるような存在ではありませんでした。誰もが嶋さんはプロに行く選手だと思っていましたし、誰よりも早くグラウンドに来て準備をして、どんなときも全力疾走を怠らないし練習で手を抜かない。そんなふうに背中で引っ張るキャプテンでしたので、会話をした記憶もあまりありません。

竹田監督がミーティングで話をするときは結論まで話すことはほとんどなく、ヒントくらいまでを話して、その後はキャプテンにバトンを渡します。キャプテンは監督の言いたいことを理解して、その上で「俺はこう思うんだけど――」と自分の考えも交えて部員に話します。竹田監督はそうやってキャプテンの思考力や感性を鍛えていました。

嶋さんは監督の言いたいことをよく理解できて、選手への伝え方も抜群に上手。「嶋はうまく俺の右腕になってくれた」と竹田監督も絶賛されていました。

監督とキャプテンがあうんの呼吸でミーティングを行うことができる。嶋さんは竹田監督にとって理想的なキャプテンだったと思います。

それに比べて僕はミーティングで話すのが本当に苦手で全然駄目でした。竹田監督がいつものように話の途中で僕にバトンを渡すのですが、「監督はこうこうこうで、こうなんだから、もっと考えてやんなきゃ駄目だって言っているんだ」と話すと、「聖澤、俺の言いたいことはそうじゃない」と怒られる。

「そういうことじゃねんだよ。全然伝わってないな」

「すいません…………」

毎回こんなことの繰り返し。数あるキャプテンの役目、仕事のなかでも、監督の後にミーティングで話をすることが一番辛いことでした。でもそうやって考える力を鍛えていただいたのだといまでは感謝しています。

プロへのアピール、嶋さんの推薦

13年ぶりに一部に上がれることが決まったのは3年の春。二部で優勝して一部で6位の立正大との入れ替え戦に勝ち、ようやく秋のリーグ戦から一部で戦えることになりました。

東都の一部といえば毎年のように多くの選手をプロに輩出していますし、國學院大からも嶋さんをはじめ3年連続でドラフト指名されていました。

大学から毎年1人がプロに指名されているということは、自分が学年で一番上手くなればプロから指名されるかもしれない。注目度の低い二部から一部に上がれたことで、スカウトの目にも留まりやすくなるかもしれない。

小学生のときに抱き、中学、高校で忘れてしまっていた「プロ野球選手になる」という目標が遠い世界の話ではなく、もうひと頑張りしたら達成できるかもしれない、実現可能な目標として考えられるようになっていました。3年の春は「やってやるぞ！」という気持ちでいっぱいでした。

自分がドラフト指名されるためには何が必要か？

足には自信があったので、打つことでもアピールできれば注目されるだろうと思い、秋に向けて打力を磨こうと考えました。特に意識したのは打率です。「國學院大の聖澤は足があって率も残せる」そう評価されるようになればプロ入りも近づくと考えたのです。

そんな意識を持って練習した成果なのか、この年の秋はリーグ9位の打率・323（首位打者はいまも巨人で活躍されている日本大の長野久義《ちょうのひさよし》さん）を残すことができ、ベストナインも受賞することができました（チーム事情によりコンバートされたサードとして受賞）。4年の春は少し成績を落として・273でしたが、最後のシーズンとなる4年の秋には後にプロで2000本安打を達成するなど、いまも現役で活躍している駒澤大の大島《おおしま》洋平《ようへい》（中日）と首位打者争いを演じて、僅差の2位となる・380の高打率と二度目のベストナインを受賞することができました。

プロ入りに向けてできる限りのアピールは全部やった。そんなつもりでしたが、それでも調査書が届いた球団は一つだけ。それが東北楽天ゴールデンイーグルスでした。

これには裏話があって、楽天に1年前に入団していて新人ながら正捕手として125試合に出場するなど既にチームに欠かせない選手になっていた嶋さんが「良い選手ですよ」と僕のことを球団にかなり推薦してくれていたそうなんです。

また、この頃は僕が1年のときの4年でエースだった梅津智弘《うめつともひろ》さんも広島で球団新記録の23試合連続無失点を記録するなど活躍されていた時期でもありました。それでいてお二方とも人間性も良くて、野球もよく理解されていたため「國學院の選手だったら間違いない」そんな評価もあったようなのです。嶋さんの推薦や梅津さんの活躍がなかったら、僕の指名もなかったかもしれません。

ドラフト指名

複数球団から調査書が届いていても指名されない選手もいると聞いていたので、楽天かららしか届いていない僕が指名される確率は5パーセントくらいだと思っていました。なので当日は大学に報道陣も来ていませんでしたし、会見準備なども全くされていませんでした。僕はといえば同級生3人と寮の部屋でドラフト中継を一緒に見るなど、ごくごく普通に過ごしていました。自分のことよりも東都の同級生達がどこから指名されるのだろうと、全く人ごととして中継を見ていました。

中継が始まってどれくらいの時間が経った頃だったでしょうか。

「第四巡選択希望選手　東北楽天　聖澤諒　22歳　國學院大」

自分の名前が呼ばれたときは鳥肌が立ちました。立ち上がって友達と抱き合い、すぐに親と柳澤先生に電話で報告を入れました。竹田監督はいつもと変わらずグラウンドで練習を見ていて「楽天から指名されました」と報告すると、ベンチにどっしり座ったまま「おぅ、おめでとう。これからだぞ」とすごく短い言葉で祝福していただきました。「またお世話になります」と電話で報告した嶋さんには「お前の実力だったら絶対に活躍できると思うから」そんな言葉をいただきました。

入団交渉では担当スカウトの後関昌彦《ごせきまさひこ》さんから「スピードのある選手が楽天にはいないので、編成としては足の速い選手が欲しかった。だから足の部分で期待しているぞ」という話をされました。自分としてはプロを意識して打力を磨いてきて結果も残していましたし、一応は四番も打っていたので「プロでは将来三番を打てるようになりたいなぁ」と思っていたところだったので、正直「やっぱり足かぁ……」と思いましたが。

契約金は5000万円、年俸は1200万円。契約金は球団にお願いして親の口座に全額振り込んでもらいました。これまで支えてもらってたくさん負担をかけてきた両親にやっと恩返しすることができました。

［2004～2007年］

大学時代

の振り返り

- いまの自分にできることは何かを考えた
- チャンスを自分から掴みに行った
- いつくるか分からない
チャンスのために備えておいた
- きつい状況も「明元素」で前向きに考えた
- 日常生活の中で野球に必要な「感性」を磨いた
- キャプテンとして「考える力」が鍛えられた

ⓒRakuten Eagles（写真：黒澤崇）

第五章

東北楽天ゴールデンイーグルス入団

不安しかなかったプロでのスタート

「イチロー選手のような走攻守三拍子揃った選手になって新人王を獲りたい」

入団会見のときは表向きはそんなことを話したと思います。でも本当の目標は「一軍の試合に1試合でも出る」でした。1試合でも出られたら引退した後に「試合に出たことがあるって言えるなぁ」と、そんなことを思っていました。とんでもない世界に来てしまったという不安が先行して、プロでやっていく自信は全くありませんでした。

会見では、当たり前ですがドラフト1位の長谷部康平《はせべこうへい》に質問が集中。野村克也《のむらかつや》監督からも特に声をかけられた記憶もありません。この年のドラフトは高校生と大学・社会人とで別々に行われており、僕は大学・社会人ドラフトの4巡指名だったとはいえ、例年のドラフトであれば下位指名みたいなもの。野村監督も僕のことなんて知らなかったでしょうし、たいして期待もされていなかったと思います。

「絶対見返してやる」

そんな気持ちも湧いてこないくらい、本当に自信がありませんでした。

1月10日からは新人合同自主トレもスタート。不安しかありませんでしたが、大学時代同様に「いま自分にできることは何か」を考え、走ることや素早い動き、俊敏性などを積極的に首脳陣にアピールしていこうと思っていました。

20日を過ぎたあたりからは先輩選手達が合流。マシンのボールを軽々飛ばすバッター、ブルペンでものすごいボールを投げているピッチャーを見ては「本当にヤバい世界にきたな……」とさらに自信をなくしました。マシンを打っているのが山﨑武司《やまさきたけし》さんや鉄平《てっぺい》さんであったり、ブルペンで投げていたのが岩隈久志《いわくまひさし》さんや田中将大《たなかまさひろ》だったら「やっぱりすげーな！」で終わっていたと思うのですが、僕が見た選手達はまだ一軍では実績のない若い選手がほとんど。そこに衝撃を受けたのです。

「この人達が一軍じゃないなんて、プロの世界は一体どうなっているんだ……」

自分がこれから歩むプロ野球という世界のレベルの高さに、ただただ不安が募る一方でした。

合同自主トレ期間中は、仙台市にある楽天イーグルス泉犬鷲寮へ既に入寮していました。

練習を終えて部屋で休んでいたあるとき、ドアがノックされ、開けてみるとそこにはテレビで見たことがある大きな男が立っていました。「マー君」こと田中将大です。田中は僕の三歳下ですが、前年にはプロ入り1年目ながら11勝を挙げるなど、既にエースの風格を漂わせる楽天の看板スター。そんな選手がドラフト4位の新人である僕の部屋に「田中将大です。よろしくお願いします」とわざわざ挨拶をしにきてくれたのです。内心は「うわぁ！　田中将大だー！」と興奮しながらも「聖澤です。こちらこそよろしくお願いします」と僕も挨拶。「敬語なんかやめてくださいよ」と照れた笑顔を浮かべる田中は、テレビで見たままの好青年でした。

初めてのキャンプ

期待されていなかったはずの僕ですが、キャンプは一軍スタートになりました。本当は二軍スタートとなる予定だったのですが、合同自主トレの30メートル走のタイムが良かったことなどが評価され、キャンプイン直前に急遽一軍キャンプスタートに変わったのでした。

キャンプ初日は20メートルのシャトルラン、持久力のテストからスタート。走ることには自信があったので、ここは自分のアピールポイントだと張りきった結果、当時の球団記録を塗り替えるタイムを記録。「走る」ことに関しては首脳陣に「聖澤」の名前をアピールすることができたかなと、ちょっと達成感に浸りながら初日を終えることができました。

クタクタになって戻るホテルは、五歳年上で同じ外野の中島俊哉《なかしまとしや》さんとの相部屋。キャンプでの部屋の振り分けは合同自主トレのときに既に発表されていて、僕は事前に嶋さんに連絡して探りを入れていました。

「中島さんってどんな人ですか？」

「優しくて良い人やで。心配いらん。楽勝やで、楽勝」

その言葉に少し安心したものの、それでもそこは厳しいプロの世界。とにかく中島さんには失礼のないようにしようと思い、中島さんの靴は自分が揃える、中島さんより先に風呂に入らない、電話中に中島さんが帰ってきたら電話を切る、そんなことを意識して初日を過ごしていました。でも中島さんは本当に優しい方で「そんなこと気にしなくていいんだよ」とすぐに言っていただき、プロの上下関係は大学とはまた違うということを教えていただきました。ただ部屋で野球の話だけはほとんどしませんでした。初めてのプロ野球のキャンプは知らないことだらけ。訊きたいことはたくさんありましたが、練習でクタクタになっているのに部屋でも野球の話をするのは申し訳がないと、さすがにそこだけは気を遣いました。

キャンプで一番驚いたことはプロ野球選手の体力です。新人の自分は打つ、守る、走るといった練習の量も多かったですし、その他にも特打や特守も遅くまであり、とにかく練習について行くのがやっとでした。ですがプロの選手達はケロっとしている。特に若手選手達は少しでも時間が空けば自分が上手くなるために必要な練習を率先して行っていて、それを毎日繰り返す。その体力が本当にすごいと思いました。

僕はといえば、長い練習が終わって体はもうクタクタ。早くホテルに帰ってゆっくり休みたくてたまらなかったのですが、まだ居残り練習をしている先輩よりも早く帰るわけにもいきません。なので全体練習が終わったらトイレに直行し、洋式便器に座ってこっそりと体を休めていました（笑）。それだけプロの練習についていくのが大変だったのです。

180度違う打撃スタイル

キャンプ中、野手は目を慣らすためにブルペンでバッターボックスに立たせてもらうことがあるのですが、そこは驚くことの連続でした。大学生のピッチャーとはまずスピードが違います。スピードだけでなく変化球のキレはもちろん、ボールの質も二段階くらいレベルが違う。

ブルペンでは常に4人のピッチャーが投げていて、さすがにエースの岩隈さんのバッターボックスに立つのは畏れ多くて、年下の田中の打席によく立たせてもらっていました。でも田中のボールがものすごくて、球筋を繰り返し見ながら「このボールをどうやって打てばいいんだろう……」とどんどん自信をなくしていきました（笑）。

合同自主トレでも感じたことですが、実績のないピッチャーのボールもやっぱりすごくて「これでなんで一軍で結果が出ていないんだろう？」と不思議に思うくらいでした。

その答えは僕がプロ野球選手を続けていくなかで、段々と分かってくるのですが、そのことはまた改めて書きたいと思います。

第一クールが終わる頃、自分のバッティングではプロの世界では勝負できないなと早くも感じていました。足の方では首脳陣にアピールできていた一方で、バッティング練習ではなかなか前にボールが飛びませんでした。

ようやくちょっと飛び始めると「引っ張るな！」「打ち上げるな！」「自分の足を生かすバッティングをしろ！」とコーチに何度も言われ、バットを短く持って三遊間を狙ってゴロと低いライナーを打つことを求められました。打ち上げようものなら「足があるのになんで打ち上げているんだ！」と野村監督からも怒られました。

当時の外野はレフトにリック、センターに鉄平さんがいてこの2人がレギュラー。もう一つの椅子を何人かの選手で争っていました。

ポジションを争うライバル達が気持ちよくバッティング練習で快音を響かせているなか、自分だけが制約をかけられながら打たなければいけない。「三遊間に転がせばお前の足なら内野安打が取れるんだから」と、1年目からそれだけ足を期待されていたというのは自分でも理解しているつもりでしたが、それでも大学まで四番を打っていた自分の打撃スタイルと180度違うスタイルを求められたことには戸惑いもありました。

野村監督のミーティング

小さい頃からスポーツニュースで何度も見ていた野村監督の座学、ミーティングは、想像した通りに多くの学びに溢れたものでした。

例えば「バッターはピッチャーの気持ちを理解しないと高い確率で打つことができない」というテーマでは、初球であればピッチャーはどういう心理で投げてくることが多いのか？　カウント3－0のときはどんな心理で投げているのか？　そのときにバッターはどういう意識を持っておくべきかなど、長年の経験から導き出された投手心理、打者心理の詳細を理路整然と解説してくれました。

3－1は打者有利。ボール球に手を出すと自分だけでなくチームのムードも壊してしまう。

0－2は打者不利。ボール球がくる確率が高いと決めつけないこと。80パーセントの力で待つのが良い。

2－1は打者不利。投手は100パーセント勝負してくるカウント。ストレートの見逃しは駄目。

3－2は打者有利ではない。必ずストライクがくるとは限らない。1－2、2－2の気持ちで打つこと。3－2になったからといって気持ちを変えてはいけない。


カウント別のピッチャー心理なんて考えたこともありませんでした。カウント0－2以外であれば、ストライクゾーンに来るボールはなんでも漠然と打ちにいっていた自分にとっては目からうろことというか「面白いなぁ」と思いながら、一字一句書き逃すまいと一生懸命ペンを走らせながら聞いていました。

野村監督のミーティングでは、技術的なことや、相手ピッチャーやバッターの攻略法といった話はほとんどありません。目の前のことよりもプロの世界で戦っていく上でベースとなる「考え方」の話がほとんどでした。そういった面では「考え方があって技術がある」と話されていた竹田監督と似た部分もあったと思います。

このときのノートは現役中に何度も見返しました。当時は理解が及ばなかった話でも、長く野球をやっていくなかで「あぁ、野村監督があのとき言っていたのはこういうことか」と後から理解できた話も多くありました。野村監督のミーティングを受けたことがある選

野村監督のミーティングノート、通称「野村ノート」

写真：著者提供

手なら分かると思いますが、野村監督の話はプロ野球という世界で戦っていく上での大きな財産になったことは間違いありません。

野村監督の教えを受け、より深く野球を学んだはずの僕でしたが、野村監督が野球評論家になられたあと、ある試合での僕のプレー、判断をスポーツニュースで批判されたことがありました。

２０１７年のシーズン、８月の後半。相手は首位争いをしていたソフトバンク、マウンド上は絶対守護神のサファテ。３点を追う最終回、カウント３－１から僕は打ちにいってセカンドゴロに倒れました。

「（この場面で）打たせるか？　待てや。相手が一番嫌なのはフォアボール」

「あの１球で決まっちゃった。負け」

打率も高くなかった僕が３－１から打ちにいってアウト。野村監督からも「３－１は打者有利。ボール球に手を出すと自分だけでなくチームのムードも壊してしまう」と教えられていたので、野村監督のおっしゃることも分かります。それでもマウンドにいたのは並のピッチャーではなく、このシーズンに54セーブ、防御率１・０９の成績を残すサファテです。

打ちにいった背景にはコーチから待てのサインも出ていなかったこともありますし、フルカウントにされたらサファテのボールを打つのは不可能に近く、そうなる前に、打者有利のカウントで勝負をかけたいという自分なりの考えがあってのことでした。

このときの野村監督のニュースでの発言はネットで記事にもなり、そのときの記事タイトルは〈野村克也氏、楽天・聖澤諒にキツい一言「残念ながらバカだわ」〉でした（笑）。

二軍用のバッティングと一軍用のバッティング

プロ野球生活1年目は、終わってみれば34試合に出場してヒットは11本、盗塁は五つ記録することができました。不安しかなかった合同自主トレ、キャンプを経てどうにか代走と守備固めとして、プロの世界でちょっとは飯が食べていけるかなという手応えと小さな自信を持てたルーキーイヤーでした。それでも全てが順風満帆だったわけではなく、いくつかの悩みを抱えながらのシーズンでした。

シーズン中は三度二軍を経験したのですが、二軍では引っ張ってもフライを上げても怒られない、制約がない状況で打たせてもらえました。そこで結果を残すことができたので一軍に上げてもらえたのですが、一軍では練習の段階からフライを打つと怒られ、反対方向へ低い打球を打つことを求められるのです。二軍用のバッティングと一軍用のバッティングが別なのです。バットも一軍用と二軍用で変えられました。二軍では自分の使いたい細いタイプのバットを使わせてもらえたのですが、一軍にいるときは福本豊《ふくもとゆたか》さん（元阪急）が使っていた極太のツチノコバットと呼ばれる、上から下に振り下ろせばゴロになりやすいヘッドが重たいモデルのものを使わされました。

一軍で求められていることを二軍でも行い、首脳陣が求める選手に徹するという方法もあったと思うのですが、それだとこの先もずっと代走、守備固めで終わってしまうのではないかと、シーズン途中から考えるようになっていました。

引退までに「一軍の試合に1試合でも出る」ことを目標にしてスタートしたプロの世界でしたが、それが早々に達成できたことで、次は「レギュラーを獲りたい」という新たな目標ができていました。その目標を達成するためには足だけでは駄目。しっかりバットを振って体に染みこませる時期も必要になります。でもそれを一軍でやると首脳陣の方針とは異なってしまいます。生意気なやつだという烙印《らくいん》を押されると試合で使ってもらえない恐れも出てきます。そこの部分で1年目は悩んでいました。

「首脳陣が決めることだから一軍にいるときは指示には従いなさい。首脳陣が見ているときは（求められていることを）やらないと駄目だ。二軍にいるときに自分のバッティングができるならばそれは続けなさい。しっかり振ることも体に染みこませておかないとスイングがどんどん弱くなってしまうから」

オフに國學院大で自主トレをやらせてもらったときに竹田監督にはそんなアドバイスをいただきました。

徹底研究したピッチャーの癖

2年目は怪我以外では二軍に落ちることもなく、年間を通じて一軍で過ごすことができました。ただ皮肉なことに自分から二軍に落としてほしいと思うことが多くなっていました。

一軍にいると相変わらず代走と守備固めが中心で打席に立つ機会が限られますし、反対方向への低い打球を求められてしまいます。もっと多くの打席を経験するためには二軍で経験を積んだ方が良いのではないか？　そんなことをよく考えました。結局自分から「二軍に行かせてください」とコーチには言えませんでしたが、もっと打席に立ちたい、しっかり振り込みたい。1年目と同様にそんなもどかしさを抱えてのシーズンでした。

安打数は前年とほぼ変わらずの13安打ながら、2年目に大きく伸ばせた数字が盗塁です。一年目の5から15に大きく伸ばし、失敗は二つだけ。自分の足という武器を生かすために相手ピッチャーの癖を徹底的に研究したことが結果につながりました。

全体ミーティングでは相手ピッチャーのクイックの秒数、盗塁をしやすいのかどうか、牽制が速いかどうかなど、盗塁に必要な基本情報がコーチから野手全員に共有されます。そういった情報ももちろん大事なのですが、ピッチャーの癖の情報まではコーチから与えてもらえません（球団によって違うかもしれませんが）。

ピッチャー一人ひとりの癖は何度もビデオを繰り返して見て、自分で見つけるしかないのです。

そのピッチャーの牽制集、それも一塁、二塁別であったり、一塁側から見た映像、三塁側から見た映像などいろんなバリエーションがあるのですが、それを何度も何度も見て研究するのです。

どういうことを研究するかというと、まずはそのピッチャーのクイックのタイムと牽制のタイムを計ります。次はそのピッチャーが1シーズンで連続牽制が何回まであったのか、セットに入ったらすぐに牽制するタイプか、セットから2秒以上経ったら牽制をしてこないタイプなのかを調べます。その次にサインにうなずくときの首の動かし方、肩の呼吸の仕方、背中から感じる雰囲気などもチェック。さらに投球と一塁への牽制の映像を繰り返し見ます。間違い探しのような感覚で全体をまずはぼやっと見て、そこから違和感を見つけ出し、その違和感が何かを追究していきます。僕の場合はそうやって癖を探していました。

その他にもセットポジションのときの足幅の広さ、ユニフォームのシワの入り方などチェックするポイントはたくさんあるのですが、そうやって得た特徴、癖を対戦するピッチャー全員分のノートを作って、そこに書き込んでいました。ノートも一度書き込んだら終わりではなく、常に新しい情報を書き足しながら使っていました。

ちなみに1人のピッチャーの癖に気付くまでは、だいたい1時間もかからないくらいでした。

「このピッチャー、行けるか？」

癖が盗みやすかったピッチャーはソフトバンクで抑えをやっていたファルケンボーグ投手。牽制をしてくるときは1回首を下げて、上げてから投げるという癖を持っていたピッチャーでした。当時オリックスだった西勇輝《にしゆうき》投手（現阪神）も、ちょっとユニフォームがブカブカ気味だったのですが、ズボンにシワができたときは一塁に牽制をしてくる、できなかったときはしてこないという、シワの有り無しで判断をしていました。

癖を見抜くと当然良いスタートが切れるようになります。そうやって1、2度盗塁を決めると今度は相手バッテリーが「癖が盗まれている」と次の対戦では対策を講じてきます。前回まではあった癖がなくなっていることもあるのですが、そうなるとまた研究。ノートにも赤字が増えていきます。ピッチャーとバッターもそうだと思いますが、プロ野球という世界は研究と対策の繰り返しなのです。

野村監督からは走塁に関して特に技術的なことを言われたことはありません。ただ代走で出ることが多かったので、試合終盤に呼ばれて「このピッチャー、行けるか？」と聞かれることは多くありました。癖を把握しているピッチャーであれば「行けます！」と答え、そうなると野村監督からは「じゃあこのバッターが出たら代走に出すから、1、2球目で盗塁してくれ」などと言われていました。逆に「このピッチャーはクイックが速いので行けません」という返事をすることもありました。行けないと思ったときははっきり言っていました。2年目の若手が野村監督に「行けません」と断ることは勇気が要ることだと思われるかもしれませんが、「このピッチャーはクイックが○秒です」「この投手は癖がありません」と理由も話した上で「行けません」と答えていたので、野村監督も「そうか」と納得してくれていたようでした。

行けるときでも「70パーセントくらいです」「100パーセント行けます」「行けても30パーセントくらいです」となるべく数字を含めて話すようにもしていましたし、「30パーセントでも良いから行ってくれ」と言われることもありました。

ちなみに「行けます！」と言って失敗したことは一度もありません。

癖が盗めなかった大谷翔平

癖が盗めなかった、盗塁が難しかったピッチャーで真っ先に思い浮かぶのは久保康友《くぼやすとも》さん（元ロッテ、阪神など）と内海哲也《うつみてつや》さん（元巨人、西武）。久保さんはクイックがとにかく速かった。内海さんのクイックは特別速いわけではなかったのですが、上手くランナーと目を合わせたり、ランナーとの駆け引きが抜群に上手かったです。そういったテクニックに長けていて走りにくいピッチャーでした。

体の大きいピッチャーは癖が出やすくて走りやすい傾向にありましたが、日本ハム時代のダルビッシュ有《ゆう》投手（現サンディエゴ・パドレス）もそんなピッチャーの1人でした。クイックのタイムもそんなに速くなかったので何個か盗塁を決めていますし、走りにくいという印象はありません。でもそれ以前に塁に出ることが難しいピッチャーでしたが。

同じ体が大きいピッチャーでも大谷翔平投手は盗塁が難しいピッチャーでした。大谷投手は日本ハムで3年目となるシーズンで開幕投手を務めたのですが、僕はそこに照準を合わせてシーズン前から彼の癖を徹底的に研究していました。でもその研究結果は「自信を持って盗塁ができない」でした。

クイックも速くて細かな動きも速い。癖を見つけることもできませんでした。あの体のサイズで盗塁ができなかったピッチャーは大谷投手ただ1人だけ。二刀流というだけでもすごいことなのに、ピッチャーとしての細かな部分まで神経が行き届いているのです。そのときも「大谷って化け物やな……」と思いましたが、そんな〝ピッチャー〟がメジャーに移籍したあとはホームラン王も獲っているのですから、ちょっともう次元が違いすぎてわけが分からないですね（笑）。

塁に出れば自信100、不安0

牽制で刺されたことは何度かあります。2秒以上経ったら牽制が来ないはずなのに牽制が来たり、自分の中で掴んでいた癖を改善されてしまったことが理由のほとんどです。そこはもう仕方がないと割り切るしかありません。研究には自信を持っていますが、とはいえ100パーセントではないですから。パーセンテージ的に確率の低いことが起こったと思うしかありません。「また新しいデータをもらったな」と気持ちを切り替えて、そのピッチャーを研究し直すだけです。

アウトになってベンチに戻っても監督、コーチから叱責を受けることはありませんでした。僕が早くから球場に来て相手ピッチャーの癖の研究をしていることを監督、コーチ、選手も知ってくれていましたから「聖澤が刺されたのなら仕方ない」そう評価してもらっていたと思います。

変な言い方ですけど、アウトになるとちょっと嬉しくなってニヤニヤしていました。「違うパターンもあったのか！」「よし！　また研究して走ってやる」そんな、ちょっとワクワクする部分もありました。

ワクワクするといえば2010年のオリックス戦。1試合で三盗塁したことがあったのですが、そのときのピッチャーが木佐貫洋《きさぬきひろし》さん。癖を完全に把握していたので自信を持って初回に二盗を試みたのですが、このときはキャッチャーの日高剛《ひだかたけし》さんの送球も良くアウトになってしまいました。そのときもちょっとワクワクしたというか「3倍返しにしてやる」みたいなスイッチが入って、その後に三つ盗塁を決めることができました。初回に刺されてもビビらず、そのあとも盗塁を立て続けに決められたことは大きな自信になりました。

塁に出て、ベースから離れてリードをとる。ほとんどのランナーには不安な気持ちもあると思います。でも僕は投手がセットポジションに入って第一リードをとったとき、不安は全くありませんでした。2秒後に牽制がくる、ここでうなずく、3秒後には投球をしている。試合開始前の準備段階で相手ピッチャーのことを丸裸にしているので自信を持っていました。「自信100、不安0」。そういった心の状態でリードをとっていました。

「このピッチャーの癖を教えてください」と後輩や若手に聞かれたこともよくありました。「このピッチャーは連続2球までは牽制あるよ」「クイックは○秒程度だよ」くらいの情報は教えますが、自分が見つけ出した癖の核心部分までは教えませんでした。その情報は自分がプロで飯を食っていくための貴重な財産ですからやすやすとは教えられません。いくらチームメイト、後輩とはいえ自分のポジションを脅かすライバルになるかもしれないですからね。そこはプロの世界ならではの生存戦略だと思ってください。

野村監督に学んだこと

2009年のレギュラーシーズンは球団史上初めてのAクラス入りを果たしての2位。初めてクライマックスシリーズに進出し、ファーストステージの相手はシーズン3位のソフトバンク。

その大事な初戦を前に野村監督がこの年限りで解任されるという発表がありました。

初戦の試合前、選手全員が集まりミーティングが行われているところに入ってくると、野村監督自身の口から報告がありました。

「来年みんなと一緒に野球をすることができなくなった。1日でも長くみんなと野球をやりたかったのに申し訳ない。お世話になりました」

時間にして1~2分くらいでした。初めて見る野村監督の涙、弱い姿。ミーティングルームがシーンと静まりかえりました。

山﨑さんをはじめとしたベテラン選手達から「監督のためにも日本シリーズにいこう!」そんな声が上がり、一気に士気が高まりました。

その効果もあってか、岩隈さんと田中の連続完投勝利でソフトバンクに連勝し、ファーストステージを見事に突破。しかし、続くセカンドステージでは、ダルビッシュ投手や稲《いな》葉篤紀《ばあつのり》選手などを擁するシーズン1位の日本ハムに敗れ、野村監督を日本シリーズに連れて行くことはできませんでした。最後は敵地札幌ドームで両チームの選手が胴上げをして、野村監督との2年間が終わりました。

野村監督から学んだことはたくさんありますが、一番は「考えて野球をする」ということ。

二軍にも一軍の選手よりも速いボールを投げるピッチャーはいます。遠くに飛ばせるバッターもいます。でもなぜか一軍ではなかなか結果を出すことができない。そんな選手をたくさん見てきました。一軍の選手も二軍の選手も体格や資質、技術にはそんなに違いがあるようには思えません。その違いはどこにあるのでしょうか？

プロ入り以来、ずっとその答えを考えていましたが、野村監督の下で野球をするなかで、その答えが分かったような気がしました。それは「深く考えて野球をしているかどうか」という違いです。僕も技術が足りないところからのスタートでしたが、その足りない部分をどうしていけばいいのかを考えてきました。考えることで技術を補っていくことができ、やがて技術も伴っていったのです。

ただ打って、ただ投げている選手よりも、考えて野球をする選手、考える能力が高い選手が活躍できる世界なのです。それはプロ野球だけではなく、世の中の全ての業種にも言えることかもしれません。

大学時代の竹田監督の教えのその上に、野村監督からの教えを上積みすることができた。だからこそ僕のような選手でも1年目から一軍でプレーができたのだと思います。

［2008～2009年］

東北楽天ゴールデンイーグルス時代

（入団1～2年目）の振り返り

- まずは監督の求める選手になった
- 自分の武器を徹底的に磨いた
- 代走、守備固めという現状に満足しなかった
- カウント別のピッチャー心理を学んだ
- 試合には万全の準備をして臨んだ
- 足りない技術は「考えること」で補った

ⓒRakuten Eagles（写真：黒澤崇）

第六章

掴んだレギュラー、東日本大震災と日本一

水があったブラウン監督

野村監督が辞められたことはショックというよりも、むしろチャンスだと捉えるようにしていました。野村監督は一芸を大事にする監督でしたので、例えば先輩の憲史《けんし》さんであれば一芸は「打」と認識されていましたし、僕の一芸は「足」と認識されていました。レギュラーとして期待されているわけではなく、それぞれ「打」、「足」が必要になった場面でのみ一つのピース、一つの駒として起用してもらえる。

試合で使っていただけることはありがたいことなのですが「レギュラーを獲る」という目標を掲げた僕にとっては、「足」以外の部分もアピールして一芸の選手から脱却せねばならず、そういう意味では新しい監督に代わるのは大きなチャンスだと考えていました。

新監督は広島でも監督を務めていたマーティー・ブラウン監督。楽天の選手のこともあまり知らないだろうから先入観なく見てもらえるのではないかという期待と、初めに良い印象を与えることができれば、レギュラー獲りも見えてくるかもしれない。そんなことを考えていました。

どうすれば新監督に良い印象を与えることができるか？

どうやってアピールしようか？　そこで僕は、全員が名前の入っていない練習用ユニフォームで秋季練習をしているなかで、1人だけ背中に「HIJIRISAWA」と入った試合用のユニフォームを着て練習することにしたのです。もちろん、ブラウン監督に「僕が聖澤ですよ！」とアピールするためです。

これが全てではないと思いますが、名前を覚えてもらう作戦が上手くいったのか、翌年のオープン戦では積極的に起用してもらえるようになりました。


ブラウン監督の下での野球は放任主義というか自由でした。僕を悩ませていた「反対方向に低い打球を打て」といったバッティングでの制限はもちろん、強制的にこれをやれ、あれをやれということはなかったですし、練習メニューもほとんど決まっておらず、どういった練習をやるかは選手個々に任されていました。試合で結果を出しさえすれば良い、良ければ使うし駄目なら使わない。方針はとてもシンプルでした。そういう意味では野村監督とは正反対の監督でした。野村監督時代は茶髪や穴の空いたジーパンなども禁止でしたが、ブラウン監督になってからはそういった規則も一切なくなり本当に自由になりました。

中学時代に指導者がいない環境で自分で考えながら野球をやってきた僕にとっては、ブラウン監督の自由放任主義のやり方はむしろ望むところ。水があったというか、良いタイミングでブラウン監督に出会うことができました。

3年目で掴んだレギュラーの座

好調を維持して迎えた横浜スタジアムでの横浜とのオープン戦最終戦。ここまでは打率・350くらい打っていたのですが、試合開始前に監督室に呼ばれました。

部屋に入るとブラウン監督は紙に9マスのストライクゾーンを描いてこう言ったのです。

「お前は若いカウントのときにストライクゾーンの全部を打ちに行っている。いろんなボールに手を出しすぎている。そうじゃなくて若いカウントだったらストライクゾーンのなかで的を絞りなさい。ストライクであっても狙ったボールと違ったら打ちにいくな」

確かに、それまでの僕はストライクゾーンに来たと思ったらなんとなく全部打ちに行っていました。それを9マスの1、2、4、5のゾーンを待ったり「ここはストライクを狙いに来る場面だから4だけを狙う」というように、ブラウン監督はポイントを絞って打ちに行った方が良いとアドバイスをしてくれたのです。

そのことを意識してバッターボックスに入ると、その試合では早速2本のヒット。自分のなかでもブラウン監督からのアドバイスがしっくりハマった感覚がありました。

3年目のシーズンは前年の79試合出場13安打から135試合出場150安打。打率も・220から・290と大きく成績を伸ばすことができました。バッティングが大きく向上したことで一芸選手から脱却し、目標にしていた「レギュラーを獲る」を達成することができたのです。

プロは力を入れるよりも抜くことの方が大事

レギュラーを獲ったこのシーズン、毎日のように食事に誘ってくれたのが渡辺直人《わたなべなおと》さんと草野大輔《くさのだいすけ》さんでした。レギュラーとして初めて経験するシーズン、分からないことや困ったことがあればいつもお二人に話を聞いてもらっていました。

自分が不調のときはチームに貢献できていないことに責任を感じ、悩むこともありました。でも直人さんから「お前はまだチームのことを考えなくて良い。自分のやるべきことに集中しろ。それがチームのためになるから。チームのことは、俺達みたいな年俸をたくさんもらっている選手が考えれば良いんだから」そんなことを言われ、肩の荷が降りたというか気持ちが楽になったこともありました。

草野さんから言われて覚えているのは「お前はもっとテキトーにやれ」という言葉。プロの世界でテキトーになんてできるわけがありません。初めは草野さんの言っている意味がよく分かりませんでした。

「お前は力が入りすぎている。ただでさえたくさんのお客さんの前で試合をすると力が入るんだ。だからもっと口笛を吹いて野球をやるくらいの気持ちでやるとちょうど良くなる。プロは『力を入れる』のではなく『力を抜く』ことの方が大事。それがパフォーマンスにもつながる」

僕にとって大きな言葉でした。打つ、走る、投げる、どれも全力、10の力で一生懸命にやることを心がけていましたが、確かに力が入りすぎていて余裕がありませんでした。

「テキトーにやれ」というのは手を抜けということではなく、パフォーマンスを引き出すために意識して力を抜けということ。調子が悪いときはちょっと考えすぎていることも多かったので、そういうときに「テキトーにやれ」という言葉を思い出すことで、10のうち2くらいは遊び心を入れる感覚で上手く力を抜くことができるようになりました。

いまはアカデミーの子ども達にも力を抜くことの大切さをよく話しています。それくらい僕のなかでは影響を受けた言葉でした。

後輩との食事

レギュラーになり、ある程度のキャリアを積んでからは自分が若手を食事に誘う立場になりました。

自分がチャンスで打てなかったりエラーをして負けると、遠征先のホテルの食事会場に顔を出しづらいもの。「自分のせいで負けた」と思っているからみんながいる場所に行く気になれず、コンビニ弁当を部屋で1人で食べることもありました。それでも「そんなのいいから行くぞ」と食事に連れ出してくれたのが草野さんや直人さん。先輩がそうやって誘ってくれることが嬉しかったですし、気持ちも楽になることができました。

そういう経験が自分にもあったので、ミスをした若手選手は意識して誘うようにしていました。「いや、いいす。今日は部屋から出る気分じゃないっす」と断られても「いいから行くぞ！」と半ば強引に連れ出しました。

「学生野球と違ってプロは取り返すチャンスなんていくらでもあるんだから。明日に引きずるのが一番良くないぞ」

自分もかつて言われていた、そんな話をよくしていました。

でもそこはやっぱり厳しいプロの世界。若手を食事に誘うといっても、同じ外野の若手はあまり誘ったことはありません。特に引退前の数年は自分とポジションを争っていた岡《おか》島豪郎《じまたけろう》や島内宏明《しまうちひろあき》は他の先輩に誘っていただいて一緒になることはあっても、僕から誘ったことはありません。やっぱりライバルですし、自分のポジションを脅かす存在でしたから。

直人さんや草野さんが僕をよく誘ってくれたのもポジションが内野と外野で違っていたからというのもあったと思います。でも同じ外野の若手でもオコエ瑠偉《るい》（現巨人）はよく誘っていました。当時はまだ全然脅威に感じていなくて、まだまだ負けていないというか、全然ライバルに認定していませんでしたから（笑）。

オコエで思い出すのは彼がまだ新人だった頃、オープン戦終わりに食事に誘ったときのことです。試合が終わってホテルに戻ったのが16時くらいで、18時にロビーに集合と伝えていたのですが、約束の時間になっても現れないのです。携帯に電話をしても出ず、仕方なくフロントから部屋に電話してもらうとようやく本人が出ました。

「何してんだよ、もう18時だぞ」

「すみません。寝ていました」

僕らの時代だったら10も歳の離れた先輩に誘われたら30分前にはロビーで待っていたものですが、「いまの時代の子はこんな感じなのか」とちょっと驚きました。

高校を出たばかりの新人だし初めてのキャンプで肉体的にも精神的にも疲れているだろうから、そりゃ眠くもなるし、仕方ないよな。そんなことを思いながら待っていても、一向にオコエはロビーに降りて来ません。20分くらい待っても来なくて、もう一度電話をすると「シャワーを浴びていました」と平気で言うのです（笑）。

そんなオコエがもう若手を誘ってあげる年齢になったんですね。巨人では楽天で掴めなかったレギュラーの座を掴んで活躍してほしいですね。

封印した一喜一憂

2010年シーズンは僕個人の成績が大きく伸びた一方で、チームは前年の2位から大きく成績を落とし最下位。ブラウン監督は1年で解任になりました。

ブラウン監督は怒らないし、練習をやらなくても何も言われない。負けた試合後のミーティングでは缶ビール片手にやってきて「明日、明日！　じゃあまたね」という感じであっさりしていた部分もありました。自由放任主義だった一方で、選手一人ひとりに少しずつ甘えみたいな部分が出てしまったのかもしれません。

ブラウン監督は僕が野球人生で初めて出会った「褒めてくれる監督」でした。アカデミーで子ども達を教えるときは、褒めることを意識しながら指導していますが、もしもブラウン監督に出会っていなかったら僕は野球で褒められるという経験のないまま子ども達を指導することになっていました。野球で褒めてもらったらどんな気持ちになるのか？　その気持ちが分かったというか、褒められる経験ができたことは僕にとっては大きな意味がありました。そういう意味でもブラウン監督にはとても感謝しています。

余談になりますが、僕は褒められてもあまり喜ばないというか、ホームランを打っても
タイムリーを打っても表情を変えないことを意識していました。それは「感情の波がある選手は良い選手じゃない」という竹田監督の教えによるものです。打てても打てなくても変わらずにいることが相手に隙を見せないことにつながりますし、喜んでいたらそこで隙ができてしまうからです。

プロ野球は毎日試合があって、良いときもあれば悪いときもあります。良いときに喜んで舞い上がっていたら、悪いときに仲間や家族に気を遣わせてしまって迷惑をかけたりもします。だからサヨナラヒットを打った試合でも、4タコに終わった試合でも、家に帰ったら「ただいまー」といつも同じ。調子や結果に関係なく普通にすることを心がけていました。

ファンの皆さんのなかでは、聖澤はあまり喜ばない、クールキャラみたいな感じで見られていた方もいるかもしれませんが、それにはこんな理由があったのです。

星野監督の就任

プロ4年目となる2011年、レギュラーを掴んで初めて迎えるシーズンの監督は星野《ほしの》仙一《せんいち》さんでした。

レギュラーを狙う選手にとって監督交代は大きなチャンスです。しかし、レギュラーの座を掴んだばかりの僕には「またゼロからのスタートかよ……」そんな心境でした。

星野さんが監督に就任されると聞いたときは、怖い監督が来る、これから厳しくなる、そんな印象は全くありませんでした。実際、星野監督とは試合が始まる前の練習では「昨日はどこで飯を食ったんだ？　あの後どこに行ったんだ？」「監督こそどこに行ったんですか？」そんな普通の会話ができていました。子どもの頃にテレビで見ていた中日、阪神時代の星野監督のイメージとはだいぶ違っていて、僕にとっては優しいおじいちゃんという感じでした。

星野監督になって変わったことといえば、ガッツを前面に出す、闘志を前面に出す選手が増えたこと。みんな試合で使ってもらいたいと思っていますし、レギュラーになりたいですから、新しい監督が好む選手像に近づこうとするものです。星野監督の場合は好む選手のタイプが分かりやすかったというのもありますが、みんな監督に認められたい、気に入ってもらいたいと、良く声が出るようになり、気合の入った魂のこもったプレーが多くなりました。

勝ちたいと思わせてくれる監督

僕のなかでは野村監督は「野球を教えてくれる監督」。ブラウン監督は「気持ち良くプレーをさせてくれる監督」。星野監督は「勝ちたいと思わせてくれる監督」でした。点が入ると「ヨッシャー!!」と熱く喜んでくれますし、怒ったときや悔しいときはベンチを蹴っ飛ばしたり、扇風機をぶん殴ったり、あるときはベンチ裏にいって大声で吠えていたり。その熱さが選手達にもどんどん伝染していって、ベンチの全員が1本のヒット、一つの勝利を喜ぶような、熱いチームが出来上がっていました。

選手を直接怒ることもほとんどありませんでした。何かあれば担当コーチを呼んで「なんであんなことさせたんやー！」とコーチを怒る。時代も変わって選手を直接怒ると萎縮させてしまう、そんな考えもあったのだと思います。だから勝ちにこだわる執念はすごいなと感じましたが、野村監督、ブラウン監督と比べて星野監督が特別怖かった、厳しかったと感じることはほとんどありませんでした。

「お前は2億稼げる能力を持っている。打って、走ってを5年でも6年でも続ければ簡単に2億稼げる。2億まで頑張れ」

星野監督はそんな言葉で僕のお尻を叩いてくれました。それだけ監督は評価してくれているのだなと、率直に嬉しかったですし「よしやってやろう！」という気持ちにさせられました。

そんな言葉を意識したわけではありませんが、新シーズンの目標は盗塁王を獲ることに置いていました。レギュラーを獲ることができて、もちろん新監督の下でそれを守っていかないといけないのですが、次のステップとしてタイトルを狙いたいと考えていたのです。

星野監督の下での新しいシーズンは優勝と盗塁王を目指して頑張っていこう。そんなことを思っていたところに起こったのが、忘れもしない2011年3月11日、東日本大震災でした。

東日本大震災

兵庫県立明石公園第一野球場でのロッテとのオープン戦の途中でした。兵庫では何も起こっていないのに急遽試合にストップがかかりました。何事なんだろうと思ったのですが、理由もよく分からないまま試合はそのままコールドゲームに。「なんで？」と思っていたのですが、しばらくして東北地方で大きな地震があったことを知らされました。

「家族の安否をすぐに確認して」

球団の方から促され、多くの選手がすぐに家族に電話をかけましたが、基地局の被災やアクセスの集中などによりなかなかつながりません。選手達の間に「これはマズいぞ……」そんな空気が徐々に広がっていきました。

ホテルに戻ってからもほとんどの選手が家族と連絡がつかないなか、テレビでは仙台空港に津波が押し寄せている様子が映し出され、とんでもないことが起こっているということがだんだん分かってきました。

僕は2009年のオフに結婚をして仙台市内に居を構え、翌年末には長男が生まれていましたが、幸いなことに妻は生後間もない息子と一緒に東京に里帰りをしているところでした。東京もかなり揺れたことで連絡がなかなかつきませんでしたが、なんとかその日のうちに無事を確認することができました。

しかし選手の多くは宮城県に残している家族と連絡が取れないまま。不安を抱えた選手も多くいて「仙台に帰りたい」という声があがるようになり、選手会長の嶋さんやキャプテンの鉄平さんだったと思うのですが、そういった声をまとめて首脳陣にかけあってくれました。でも翌日のオープン戦がどうなるかも分かりませんでしたし、東北地方の被害状況や交通手段も不明な部分もあり、星野監督からは「気持ちは分かるがいまは仙台に帰ることは許さん」という話がありました。

正直なところ、これはもう野球どころではないという空気が、選手達の間には漂っていました。

震災後一週間ほどでオープン戦は再開になりましたが、僕達は遠征先を転々とし、仙台に帰ることもできずホテル暮らしが続く毎日。みんな一刻も早く仙台に帰り、家族に会いたい気持ちでいっぱいでした。それでも僕達ができることは野球しかありません。星野監督も「おまえ達がやるべき仕事は野球だ」と背中を押してくれ、みんな不安を抱えながらも、グラウンドに出れば気持ちを切り替えて練習に集中する。そんな日が何日も何日も続きました。

仙台に帰ってこられたのは4月7日、震災から1カ月近くが経ってからでした。仙台空港がまだ再開されていなかったため、飛行機で山形空港まで行き、そこからバスでようやく仙台に帰ってくることができたのです。

あちこち隆起している道路。

堆《うずたか》く積まれた瓦礫《がれき》の山。

仙台へと向かう途中、バスからの光景は変わり果てていました。ニュースを見て知っていたつもりでしたが、実際に目の当たりにすると言葉がありませんでした。

被災地訪問

仙台に戻ってからはチームとして避難所を訪問し、被災された方々を励ます活動を行いました。訪問はバッテリー、内野、外野のグループに別れて行われ、バスを2時間くらい走らせ、僕は外野の選手達と女川町《おながわちょう》を訪問しました。印象に残っているのは震災の「匂い」です。テレビでは伝わることはありませんが、川から流れてきた水が町に流れてきたことで、町全体に生臭さ、悪臭が残っているのです。その匂いは震災の記憶としていまも忘れることができません。

訪問先では、被災された皆さんの方が困難な状況にあるはずなのに「楽天、頑張ってね！」「応援しているからね」そんな声をたくさんかけていただきました。

自分が活躍することが皆さんの励みになるかもしれない。チームが勝つことで、束の間、辛い現実を忘れてもらうことができるかもしれない。そんなことを考えていると、胸にこみ上げてくるものがありました。

プロ野球は、プロ野球選手は、すごい影響力を持っている。プロ野球という世界は成績を残せば年俸が上がりますが、それだけを考えていたら駄目。自分のためだけではなく、応援してくれる人達のためにも頑張ろう。人のために頑張るという使命感がある人間は、辛いとき、キツいときに頑張れる。そんなことに気付いたというか、学ばせてもらった被災地訪問でした。

阪神・淡路大震災があった1995年は「頑張ろう神戸」を合言葉に、神戸を（当時）本拠地にしていたオリックスがパ・リーグで優勝し、被災した地元を大いに勇気づけました。僕達も当然、被災された方々のためにも優勝して勇気を与えたいという気持ちでシーズンに臨みました。しかし、最終的には5位に終わってしまいました。

僕達の仕事は野球です。震災で受けたショックから気持ちを切り替えて試合に臨まなければ駄目なことは選手達も分かっていました。それでも心の切り替え、精神状態をコントロールすることが難しい選手もいたと思います。「楽天が優勝して勇気を与えないといけない」そんな気持ちが入りすぎた、気負いすぎていた部分もあったと思います。

チームとして、背負っているモノを上手くプレーに結びつけることができませんでした。頑張らないと、やらないと、そんな気持ちが強すぎて空回り。平常心でプレーすることが難しいシーズンでした。

　そんなシーズンにあって、僕は2年続けて良い成績（144試合出場、143安打52盗塁、失策0）を残すことができました。この陰には、学生時代から自己分析を行い、いまの自分の心の状態などを常に振り返る習慣があったことが大きいと思います。被災された方々のためにも打たなければいけないという思いはもちろん僕も持っていましたが、プレーするときにはその思いは一旦心の片隅に置かなければいけません。

「目の前のプレーに集中する」

「いつもと同じ心の状態でいる」

　特にこの二つを意識してプレーしていました。

「被災された方々のために」という熱い気持ちと「結果を残すために必要なことをする」という冷静な気持ち。この二つの気持ちを使い分けていたシーズンだったと言えるかもしれません。

「力を抜く」ことで開眼

翌2012年シーズンは、前年に目標に掲げながらも惜しくも獲れなかった盗塁王のタイトルを2年越しで獲ることができました。盗塁数は54。前年も52盗塁を決めていましたが、ソフトバンクの本多雄一《ほんだゆういち》さんが60盗塁を決めてタイトルを獲ることができませんでした。45個くらいまでは同じくらいの数字で競っていたのですが、そこから一気にペースを上げた本多さんについていくことができなかったのです。本多さんはその前年も59盗塁でタイトルを獲られていて、自分が盗塁王のタイトルを獲るためには絶対に越えないといけない大きな壁になっていました。当時はプロ野球の試合結果を見るときはまずソフトバンクの結果をチェック、誰が打ったかなどは一切見ないで本多さんが盗塁をしたかどうかばかりを見ていました。それくらい意識していた本多さんを抑えて盗塁王を獲れたことは大きな自信になりました。

盗塁以外でも、守備率は2年連続で10割を達成、得点圏打率も12球団でトップ。この2年間は心・技・体のバランスがもっとも安定していた期間でした。

得点圏に走者を置いた場面で良い結果を残せたのは、竹田監督と野村監督から学んだ「チャンスの場面では気の持ち方が大事」という教えを実践できたから。

チャンスの場面ではどういう気持ちで打席に立てば良いのか？　たどり着いた答えは「ここで打ちたい！」という気持ちを捨てること。その気持ちが強すぎると力が入ってしまいますし、狙いとはちょっと違うボールが来ても体が反応してしまうのです。だから草野さんからも言われていた「力を入れることよりも抜く」ことを意識してバッターボックスに入るようにしていたのですが、この年はそれがバチッとハマりました。

2年続けて好成績を残せたことで、2013年にはWBC候補合宿にも呼ばれることになりました。2週間行われる合宿に呼ばれたメンバーは33人。そこから最終的に5人を落とし、28人に絞るための合宿でした。僕と同じ外野手として呼ばれていたのは、糸井嘉男《いといよしお》さん（当時オリックス）、中田翔《なかたしょう》（当時日本ハム／現中日）、内川聖一《うちかわせいいち》さん（当時ソフトバンク）、長野久義さん（巨人）、角中勝也《かくなかかつや》（ロッテ）など錚々《そうそう》たる顔ぶれ。

僕よりも1ランクも2ランクも実力が上の選手が揃っていましたから、自分がメンバーに残るのは無理だろうと半ば諦めていました。

結果的に僕は最終メンバーに残ることはできませんでしたが、何が何でも選ばれたいという思いは正直あまりなかったですし、僕が選ばれるとすれば外野の守備要員か代走要員としてだろうことは想像がつきました。楽天でもレギュラーを張ってそれなりの成績を残してきた自負もありましたから、そういった役割で選ばれるのであれば、選ばれない方がいい。むしろシーズンに集中して楽天のために頑張りたいと思っていました。そして次に呼ばれる機会があれば、そのときは外野のレギュラー候補の1人として呼ばれたい。そんなことを考えていました。

次に呼ばれるためには、代表合宿に参加していた外野手達に比べて劣っていた部分を伸ばさないといけません。勝っていたのは足だけだったと思いますが、僕は足がある割に出塁率も高くなく、三振も多い方でした。本当に良いバッターは出塁率が四割近くありますし、三振も少なくフォアボールも多い。そういう部分が僕にはまだ全然足りていませんでした。これからのシーズンではそういった部分を改善していかなければいけない。代表候補合宿に呼ばれたことで、日本のトップクラスの外野手達との差、自分に足りない部分に気が付くことができました。

2人の現役メジャーリーガー

この頃の楽天は外国人選手が打線の核になってくれないと、なかなか勝つことが難しい時期にありました。僕が入団した当初こそホセ・フェルナンデスが活躍していましたが、その後は長らく外国人選手が活躍できない時期が続きました。そんななかで、2013年シーズンから加入したアンドリュー・ジョーンズとケーシー・マギーが四番、五番でしっかりと活躍してくれたことは楽天にとっては大きなプラスでした。ジョーンズはメジャー通算434本のホームラン、ホームラン王、MVPのタイトルも獲っていますしゴールドグラブ賞は10度受賞。マギーも来日前はヤンキースに所属し、3年連続二桁ホームランを放ったことのある実力者。メジャーでこれだけの実績がありながらも、2人とも性格も謙虚でナイスガイ。日本で結果を残したいという思いも強くて練習も一生懸命にやる。自分が良い結果を残すことよりもチームが勝つことを喜んでくれる「フォアザチーム」の精神を持った本物のメジャーリーガーでした。

僕自身もこの2013年シーズンは三番を打つようになりました。後ろにはジョーンズとマギーがどっしり座っているので、これまでのようにガンガン盗塁をすることが難しくなり、盗塁数は盗塁王を獲った前年の54から21に、盗塁を試みた回数も65から29に大きく減らしました。でもそこに葛藤はありませんでした。レギュラーも獲って盗塁王も獲りましたし、次に欲しいものはやっぱり優勝です。チームのなかでも中堅になっていましたし過去3シーズンはレギュラーも張ってきました。自分のことよりもチームのことを考えていかなければいけない、引っ張っていかないといけない立場になったのだと自覚していました。だから自分の成績が落ちたとしても、自分が4タコしてもチームが勝てば嬉しい。そんな気持ちでシーズンに臨んでいました。

震えた田中の登板、日本一

西武ドーム（現ベルーナドーム）でのリーグ優勝の瞬間。僕はセンターのポジションからマウンドの田中が最後のバッター浅村栄斗《あさむらひでと》（現楽天）を三振に打ち取ってガッツポーズをしている後ろ姿を見ていました。

2位とのゲーム差はだいぶ開いていたので、かなり前の時点から「優勝はいつになるかな」と思っていて、優勝が決まった瞬間は「ヨッシャー！」みたいな感じにはならず意外に冷静でした。でも長いシーズン、チームとして目指してきたことが達成できたことには感慨深いものがありました。

星野監督の胴上げがあって、ビールかけがあって、その日の夜は大騒ぎでした。でも一晩明けると、チームリーダーの松井稼頭央《まついかずお》さんや嶋さんが「次のクライマックスシリーズに勝たないと意味がないぞ」とチームを引き締め、お祝いムードの雰囲気はすぐに次の戦いへと切り替わりました。

クライマックスシリーズも勝ち上がって迎えた巨人との日本シリーズ。3勝2敗と王手をかけて地元に戻り、臨んだ本拠地、日本製紙クリネックススタジアム宮城（現楽天モバイルパーク宮城）での日本シリーズ第6戦。シーズン24勝0敗の絶対的エースの田中が満を持して先発のマウンドへ。楽天としては最終戦を待たずにここで一気に日本一を決めてしまいたい一戦です。

試合は相手エースの菅野智之《すがのともゆき》から2回に幸先良く2点を先制。しかし田中が中盤に4点を奪われ逆転されると、そのまま2－4で敗れました。

田中が160球を投げて完投した末の敗戦。野球ファンから見れば楽天には痛すぎる負けに映ったかもしれません。でも負けた瞬間から「次！　次！　また明日！」という声が次々挙がり、落ち込んでいる選手は誰もいませんでした。試合後のロッカールームでも下を向いている選手はおらず、悲壮感もなく意外にみんな冷静でした。むしろ田中で負けたことで、ペナントレースであれだけ助けてもらったのに、この試合に負けた責任を田中に感じさせるわけにはいかない。最終戦に勝って田中をカバーしよう。そんな気持ちで全員が翌日の決戦へ気持ちを一つにしていました。

迎えた第7戦。楽天の選手に「勝たなければいけない」という気負いはなく、平常心でプレーができていましたし、日本シリーズという最高の舞台での最終戦を楽しむことができていました。

ほとんどの選手が日本シリーズを経験したことがなかったので、良い意味で怖いもの知らずのまま最終戦に入っていけたのかもしれません。もしかしたら「被災された方々のために！　東北のために！」という気持ちが空回りして5位に終わってしまった2011年のシーズンを経験したことで「大事な試合だからこそいつもと同じようにプレーする」そんなふうに選手達が上手く自分の精神状態をコントロールできるようになっていたのかもしれません。

3－0とリードして迎えた最終回。このまま抑えれば勝てる、日本一になるという場面。センターの守備に就くと星野監督が主審に選手の交代を告げていました。先発した美馬《みま》学《まなぶ》（現ロッテ）が6回無失点の好投。あとを受けたルーキーの則本昂大《のりもとたかひろ》がその後の2イニングを無失点。2人の好投がつないだ9回のマウンドです。

「え？　誰が投げるんだろ？」

そんなことを思っていると、スタンドがざわつき始め、ベンチから前日160球を投げた田中が出てくる姿が見えました。

8回裏の攻撃のときから「9回は則本が続投するのかな？」と思っていたので、まさか前日にあれだけの球数を投げている田中がマウンドに上がるなんて、僕も含めて楽天ベンチにいたほとんどの選手は想像していなかったと思います。

ベンチから田中の姿が見えたときは全身に鳥肌が立ち、目の奥に熱くなるモノを感じました。最後に巨人の矢野謙次《やのけんじ》さんが三振に倒れて日本一になった瞬間よりも興奮しました。

２０１１年の震災から３年越しでの日本一。被災された方々に、東北地方の皆さんにようやく日本一の報告ができる。嬉しさよりもホッとした気持ちと、肩の荷が降りたという思いが交差する、そんな感覚でした。

最終回の田中の登板には感動しましたが、翌日にも感動することがありました。自宅でテレビをつけると各局が試合の様子をニュースやワイドショーで放送していたのですが、そのなかで、球場に入れなかったおよそ1万人のファンの皆さんが球場の外から大きな声援を送っている映像が流れました。その映像を見たときにはこみ上げてくるものがありました。

日本シリーズの第7戦とはいえ平常心でプレーすることを心がけていたので、映像を見て「自分はすごい試合に出ていたんだな」とそのときに初めて実感することができました。

束の間の日本一の余韻に浸りつつ、来シーズンに向けて気持ちを新たにして頑張らないといけない。すぐにそんなことを考えていました。

まさか翌年から辛く苦しいプロ野球人生が始まるとは、このときは思ってもいませんでした。

［2010～2013年］

東北楽天ゴールデンイーグルス時代

（入団3～6年目）の振り返り

● 力は「入れる」のではなく「抜く」ことを学んだ
● 野球で褒められることを経験できた
● 結果にかかわらず感情の一切を封印した
● 「熱い気持ち」と「冷静な気持ち」を使い分けた
● 大事な試合こそ平常心でプレーした

©Rakuten Eagles（写真：黒澤崇）

第七章

狂ったフォーム、戦力外通告

「焦り」が崩したフォームのメカニズム

前年に日本一になり、自分自身もレギュラーになって4シーズン。ある程度の成績を残せていたことから年俸は9500万円に上がり、インセンティブも含めると1億円を超える金額になりました。「お前なら年俸2億を目指せる」と星野監督に言っていただいた金額のようやく半分近くまで到達することができました。しかし、この金額が僕のプロ野球人生のなかで天井、ピークとなりました。2014年シーズン以降は、出場機会も成績も下がり続ける、辛く苦しい野球人生が続きました。

この年は開幕から良いスタートを切ることができず、連続無失策記録を更新したとはいえプロ入り2年目以来となる三度の二軍落ちを経験。バッティング、盗塁共に精細を欠き、出場試合数は前年の120からほぼ半減の66試合。安打数も123から48へ、盗塁数も21から5へと大きく数字を落としました。

前年シーズンのオールスター明けから、それまでキャッチャーを守っていた若手の岡島が外野にコンバートされて一気に頭角を現してきていました。彼がライバルとして台頭してきたことで、この年のシーズンは「負けないぞ」という思いはありましたが、僕自身がなかなか調子を上げることができませんでした。これまでのシーズンはライバルもいない状況で、調子が悪くてもある程度我慢して使ってもらえていましたが、この年は調子が上がらなければ岡島が使われる。岡島が結果を残せば自分が試合に出られない。そしてレギュラーを外される。そのような状況になっていました。

それまでは自分が打てなくてもチームが勝てたら嬉しいという気持ちだったのですが、二軍にいる間は次第にチームの勝敗よりもポジションを争う選手達の成績の方が気になるようになっていました。

野球人生で初めて追われる立場になったことを実感しました。

レギュラーだったこれまでの4年間は、毎試合4打席程度は回ってきていましたから、その1打席が駄目でも4打席トータルで考えることができていました。4タコに終わっても次の試合に気持ちを切り替えれば良かったのです。そういう長期的な視点のなかで自分のバッティングを考えることができていました。それがレギュラーから外されてしまうと打席が回ってくるチャンスがあっても代打の1打席のみというケースも多く、次の試合で出番が回ってくるかどうかも分かりません。目の前の1打席で結果を残さないといけないという気持ちの余裕のなさがバッティングを狂わせていきました。「心」の状態の焦りがバッティング技術を狂わせていたとも言えます。

この年は盗塁が5個に減ったことは先に書いたとおりですが失敗も4回しています。自慢の盗塁を決めてアピールしたいという思いが力みを生み、ほんの少しスタートが遅れてしまう。「結果を出したい」という焦りがほんの少し余計な力みを生んでしまい、それまでのフォームのメカニズムを崩してしまう。メカニズムが崩れれば当然結果は出にくくなり「こんなはずではない」という焦りがまた少しメカニズムを崩していく。そうやって少しのメカニズムの狂いが徐々に大きくなっていき、気が付けば良かった頃のフォームを思い出せなくなっていました。

初めて経験する挫折

二軍に落とされるときは監督、コーチから何も説明はありませんでした。スタメン落ちするときも試合前に何も言われませんでした。前年の日本一に貢献した自負もありましたし、4年連続で規定打席にも到達して盗塁王のタイトルも獲っている。実績は残してきたのに、それなのになぜ一言の説明もしてもらえないのか……。

「なんで使ってくれないのか」

「やってられない」

「監督に嫌われるようなことをしたのか」

思ってみても仕方がありません。そんなことは分かっているはずなのに頭のなかはマイナス思考「暗病反」ばかり。

現実を受け入れることができず、常にイライラしてしまう毎日。冷静な状態で自分を分析することも難しくなっていました。

引退したいまは分かります。同じようなタイプの選手がいれば球団も首脳陣も若手を使いたいと思うこと。自分は若手ではないのだからある程度のことは任されていたこと。任されているということは責任も伴うということ。それがプロ野球という世界です。全ては期待通りの結果を残せなかった自分の責任なのです。でも当時はまだ自分の考えに甘いところがあり、悩み苦しみました。

「テレビを見ていてもお前の表情が暗いぞ」

「そういう状況だからこそいまの時間を大事にしなさい」

「他の選手が活躍している様子をベンチから見ているのは悔しいだろう。でもいまのお前がどう振る舞うかを首脳陣は見ているのだから、仲間のプレーを素直に応援しなさい。そういう姿勢でいれば必ずチャンスはもらえるはずだから」

何度も相談にのってもらっていた大学時代の恩師竹田監督からは、そんなありがたい言葉をいただいていました。

チームも前年の日本一からまさかの最下位に転落。オフには年俸も大きく下げられました。野球を始めて以来、初めて挫折を味わった苦しいシーズンでした。

激しくなった外野争い

2014年シーズン限りで星野監督が退任され、大久保博元《おおくぼひろもと》監督に交代になりました。

ここ数年の楽天は盗塁数が12球団でも下の方だったことから、大久保監督は就任にあたって「機動力野球を目指す」と話されていました。そこを改善させて「盗塁数200を目標にする」と言うのです。それを聞いてもう一度レギュラーを取り戻すチャンスが来たと、改めて新シーズンに臨む意欲が湧きました。

キャンプにはルーキーのときのような気持ちで臨み、外野のポジションを争う1人として人一倍汗をかきました。オープン戦では盗塁もたくさん仕掛けて結果を出すこともでき、大久保監督が掲げる機動力野球に自分はマッチする選手だと、アピールを続けました。

そうして迎えた新シーズン。日本ハムとの開幕戦は一番センターでスタメンに名を連ねることができました。しかし、この試合では5打数1安打。開幕3連戦は14打数2安打という結果に終わり、打つ方ではアピールすることができませんでした。3戦目には悪送球を記録して2010年9月22日から続いていた連続守備機会無失策の記録も927でストップ。その後もしばらくスタメンで起用され続けましたが、バッティングの調子が上がらずに5月に二軍落ち。6月に昇格するとしばらくはバッティングの調子も良かったのですが夏頃には再び調子を落としました。

この年の楽天の外野陣は、このシーズンから本格的に外野にコンバートされてきた松井さんが不動のレギュラー。残り二つのポジションを岡島や4年目の島内、ルーキーの福田《ふくだ》将儀《まさよし》、先輩の牧田明久《まきたあきひさ》さんなどと僕は争っていました。

シーズンが終わってみればチームは2年連続の最下位。個人的には試合数、打席数、安打数は前年よりも増やすことができ、盗塁も二桁の15まで伸ばすことができましたが、レギュラーの座を奪い返すチャンスを活かすことはできませんでした。ちょっと調子が良い、ちょっと結果が出たくらいでは駄目。圧倒的な結果を残さないとスタメンでは使ってもらえない。そんな立場になっていました。

現役生活で一番苦しい時期

2015年には国内フリーエージェント（FA）の権利を取得しました。でも他球団で環境を変えてみよう、レギュラーとして出られそうなチームに移籍しようとは全く考えませんでした。もちろんチームへの愛着もありましたが、年齢も30歳になっていましたし、成績も落ちている時期だったこともあります。2016年は大久保監督から梨田昌孝《なしだまさたか》監督に代わることもあり、移籍しなくても環境は変わりますし、心を新たにまた楽天で頑張ろう。そう思っていました。

梨田監督はすごく穏やかな方で、監督でのタイプとしてはブラウン監督に似ていて、放任主義であまり細かいことは言ってこない。やり方は任せるけど結果を出している選手を使う。そういうスタンスの監督でした。

梨田監督の1年目となる2016年は、ゼラス・ウィーラーが外野を守る機会が多くなり、島内もキャリアハイの成績を残し、岡島も前年の不調から復調。さらに新外国人のカルロス・ペゲーロまでいる。松井さんでさえ調子が上がらず56試合の出場にとどまるなど、外野のポジション争いは一層激しくなり、僕はレギュラーに返り咲くことはできませんでした。

前年の2015年が86試合出場で65安打、打率・252という成績で、2016年が94試合出場で59安打、打率・294。安打数はやや減りましたが悪くない数字は残せました。それでもたまのスタメンで3安打を打っても翌日の試合では使ってもらえなかったり、結果を出しても若手が起用されることもありました。自分でもどうやったら試合に出してもらえるのか、その方法が分からなくなっていました。

この時期が現役生活のなかで一番苦しい時期でした。オフには年俸も上限いっぱいのダウンを提示され、心のコントロールが難しい時期が続きました。

大学時代から「明元素」を意識して前向きに野球に取り組んできましたが、それでも晩年は「暗病反」の気持ちに陥っていました。自分でもそれでは駄目だと思っていましたが「駄目ならクビ」という恐怖が散らつき、気持ちをプラス思考、前向きに持って行くことが上手くできなかったのです。

打率が落ちて、試合出場が減って、打席数も減る。そのなかでヒットを欲しがるという悪い精神状態で打席に立っていることが多くなっていました。いかに良い精神状態で打席に立てるか、そこが大事になってくるのですが、「駄目ならクビ」という現実が重くのしかかり、安定したメンタルを保てませんでした。自分のメンタルはここまでだったのかもしれません。やっぱり長年第一線で活躍を続けられる選手はメンタルのコントロールも一流なのだと思います。

この頃の自分を思い返してみても、どうすれば安定した精神状態で打席に立つことができたのか、何をどうすることが正解だったのか、その答えはいまも分かりません。

でも良いときばかりではなく、苦しい時期も経験できたことはいまとなっては良かったと思っています。今後もしプロ野球の世界でコーチをすることがあれば、同じように不安な気持ちを持ったまま打席に立とうとしている選手や、焦ったり苦しんでる選手の気持ちが分かると思いますから。

翌年の２０１７年は日本一になった２０１３年シーズン以来となる１００試合以上に出場（１１１試合）することができました。でも起用のメインは代走と守備固め。新人時代と同じでした。

もっと打席に立ちたい。そのためにはレギュラーを奪い返すしかないんだ。そんな思いは消えずに持っていましたが、でも自分の立ち位置もある程度受け入れている自分もいました。岡島も島内も結果を残していましたしペゲーロも自分にはない長打力を持っている。自分が監督だったとしても聖澤という30歳を超えた選手の使いどころはこんな感じになるだろうなと理解できる部分がありました。

オフには再びフリーエージェントの権利も取得しましたが、いまの自分に他球団から需要があるとも思えず、宣言せずに残留する道を選びました。

戦力外通告

現役最後の年となる2018年シーズンは開幕から調子が上がらず、夏が終わっても二軍に甘んじていました。一軍では激しい外野のポジション争いに、この年に新人王を獲得することになる2年目の田中和基《たなかかずき》も加わり、いよいよ自分の一軍での居場所がなくなってきていることを感じていました。

結果が残せなければいよいよクビだなと自分でも薄々分かっていました。与えられた少ないチャンスのなかで結果を出さないといけない。その焦りが焦りを呼び、結果を残すことができない日々が続きました。

「そんなことを考えていても仕方がないから、その1打席1打席に集中しなさい」

竹田監督にもそう言っていただいたのですが、それでも気持ちの整理がつかず、心の状態が悪いなかで打席を迎え、そして結果を出せない。そんな悪循環を断ち切ることができない現役最後の1年間でした。

二軍のシーズン終了後のことでした。

一軍はまだシーズンを戦っていたので二軍は秋季キャンプを行うことになったのですが、同期の伊志嶺と枡《ます》田《だ》慎《しん》太《た》郎《ろう》、そして僕の3人が、当時二軍マネージャーをされていた大学時代の先輩でもある梅津さんにそれぞれ個別に呼ばれ「明日から練習はしなくて良い。オフでいいから」と言われたのです。ベテランだからキャンプは免除になるのか。それならばラッキーだと脳天気に考えていたのですが、直後に3人がベンチで顔を合わせることになり、同じことを言われたと知りました。

そこでようやく悟りました。

「この3人は今年でクビなんだ」

来年はもうプロ野球選手ではない。自分に来シーズンはない。そう分かっていても実感はありませんでした。

まだ正式にクビを言い渡されたわけではないから、ドラフト次第ではまだ現役を続けられる可能性があるのではないか？　そんな淡い期待も少し持っていました。しかしこの年のドラフトで楽天が1位で指名したのは大阪桐蔭の強打の外野手、自分と同じ左打ちの藤《ふじ》原恭大《わらきょうた》（ロッテ）。3球団競合となり、楽天は抽選で外すのですが、外れ1位で指名したのは立命館大の左打ちの外野手、辰己涼介《たつみりょうすけ》。こちらも抽選になり4球団競合の末に今度は楽天が引き当てました。

ドラフト1位で左の外野を獲りにいくということは、それだけ球団が若い左打ちの外野が欲しいということ。実際に獲れたとなれば今度はそのポジションの誰かはいらなくなります。

日本には268万人（2022年時点・20歳以上／参考：笹川スポーツ財団）の野球人口がいると言われており、そのなかでプロ野球の支配下登録選手は840人。各球団が保有できる選手の上限は70人。さらにそのなかで一軍のベンチに座れる選手は28人だけ。毎年10名近い選手が入団してくれれば、同じ数だけクビを切られる選手が出てきます。

「あぁ、もうクビだな」

いままでは1人の楽天の選手として、チームを強くしてくれる選手が入ってきてほしい、そんな思いでドラフトを見てきました。松井裕樹《まついゆうき》（現サンディエゴ・パドレス）を抽選で引き当てたときなどは「優勝できるじゃん！」と歓喜の声をあげたものでした。それがここ数年間は外野の有望な選手が「入ってくるな！」「指名するな！」と祈りながら見るようになっていました。

でも考えてみれば、自分がドラフト指名をされたときも「外野は入ってくるな！　指名するな！」と同じように思いながらドラフトを見ていた先輩もいたはずですし、自分が入団したことでクビになった選手もいたはずです。今度は僕にその番が回ってきたのです。

プロ野球とはなんとも生存競争の厳しい世界なのです。

引退の決意

通告の日は球団から電話があり、球団事務所に呼ばれました。誰にどんな話をされたのか記憶は定かではありませんが、淡々とした感じで「来年の契約は結びません」そんなことを言われたと思います。

「まだまだやれる」そう言ってくれる人もいました。でも楽天以外で野球を続ける気はありませんでした。一番は楽天という球団と仙台の街への愛着です。現実的なところでは小学生になっていた息子の転校の問題もありました。そのあたりは感情に流されず割と冷静に判断しました。

「まだやれる」と自分に言い聞かせてみたところで、現実は結果を残せなくなったからクビを宣告されたわけです。それはもう受け入れるしかありません。

「自分で悔いがないように決めたらいいんじゃない」

妻に引退の報告をしたときはそんな言葉が返ってきました。

まだ33歳。怪我で野球ができなくなったわけではないので体はまだまだ動きます。でもやりきった感もありました。1000試合以上に出場して盗塁王も獲れた、連続無失策記録も作れた、レギュラーとして日本一も経験できた。「プロで1試合でも出られたらいいな」というところからのスタートとしては十分すぎる成績を残すことができました。

2014年からはレギュラーポジションを奪われて苦しいシーズンが続き、あんなに大好きだった野球が嫌になるような苦しみがずっと続いていました。そこから解放されて楽になりたいという自分もいました。

後悔もやり残したことも何一つない。自分がプロ野球の世界でやってきたことに対して

100点満点をあげられる。そう思えるくらいすっきりした気持ちで引退を決意しました。

「表情が明るくなったね」「性格が柔らかくなったね」

引退を決めてからは周囲の人達によく言われました。自分では気付きませんでしたが、それくらい現役時代は、特に晩年はいろいろなものを背負って余裕がなかったんだなと改めて思いました。

恩師への報告

「自分で満足して辞めるんだったら良いんじゃない？」

電話で引退の報告を受けた母の反応は妻と同じでした。でも、そのあとにはこんなことを言ってもらえました。

「良い夢を見させてもらった。いろいろ良い思いもさせてもらって、こっちも楽しませてもらった。ありがとう」

小学校時代からどんなに野球で活躍しても褒めてくれなかった母が、初めて野球で褒めてくれました。

「まだできるんじゃないか？　他球団で現役を続けたいなら協力するぞ。いろんな球団の教え子に連絡をして選手枠の空きがないか訊くこともできるぞ」

竹田監督にはそんなありがたいことを言っていただきました。

でも自分のなかではやりきって、納得して辞めるので「ありがたいお話ですが大丈夫です」と御礼だけ伝えて、そのときは終わりました。

数日後、竹田監督から連絡がありました。東北高校時代の教え子でもある佐々木主浩《ささきかずひろ》さん（元横浜、シアトル・マリナーズ）から竹田監督に連絡があって「聖澤、良い選手なのにクビになってもったいなくないですか？　本人がまだ現役を続けたいなら横浜に声をかけてみますし、自分も協力します」

そんな連絡があったと教えてくれたのです。

佐々木さんと言えば日米で大活躍された超スーパースター。そんな方が同じ竹田監督の教え子というくらいしか共通点のない、全く面識もない自分のことを気にかけてくださり、わざわざ動こうとまでしてくれている。本当に感謝というかありがたい気持ちでいっぱいでした。

柳澤先生には「まだお前のプレーが見たいな」みたいなことを言われました。お世話になったいろんな方々にご報告をさせていただいて「納得して辞めるならいいんじゃないか」と言ってくださる方と「まだやれるんじゃないか」と言ってくださる方と、半々くらいでした。

大学時代からお世話になっていた嶋さんへも報告しました。

「自分が納得して辞めるなら良いんじゃないか？　俺はお前の分も1年でも長くできるように頑張るわ」

「応援していますので嶋さんは1年でも長く続けてください」

そんな言葉を交わしました。嶋さんは言葉通り、僕より4年も長く2022年まで現役を続けられました。

お世話になった方々への引退報告で涙を流すことはありませんでした。なぜならやりきったという満足感と、感謝の気持ちでいっぱいだったからです。

涙はなしの引退セレモニー

球団の計らいで、シーズンオフのファン感謝祭の場で引退セレモニーを行っていただけることになりました。妻と息子はもちろん、妻の家族も呼び、長野からは両親と柳澤先生、地元の仲間も招待しました。

たくさんのお客さんで埋まったスタジアムでマイクの前に立ったとき、胸中去来したものは「本当にプロ野球選手になれたんだなぁ。夢がかなったんだなぁ」という気持ちでした。長野の田舎でお山の大将でずっと野球をやってきて、あんなに弱い中学、高校のチームでやってきたのに、多くの人に出会い、支えられて、子どもの頃に描いた「プロ野球選手になる」という夢がかなった。そしていまそのプロ野球選手として引退のときを迎えた。自分でも信じられないくらいの出来すぎた野球人生でした。それでもやはり、やりきったという満足感が強く、引退スピーチでも涙がこぼれることはありませんでした。

33歳という年齢で辞めることは早いと思っていただいたファンの方もいたと思いますし、引退表明後にファンの皆さんの前に出る機会もありませんでしたから、なかには「なぜ聖澤は辞めるんだ？」「何か問題でもあったのか？」と疑問に感じたり不安に思った方もいたと思います。ですので最後にファンの皆さんの前で、自分の口から何の後悔もなく引退するという報告ができたこと、これまで応援してくれたことに対する感謝の気持ちを伝える場を球団が用意してくれたことに本当に感謝しています。

僕の大事にしている言葉に「使命感」という言葉があります。誰かのために頑張れる人間は強い、そんな意味があります。プロに入った当初はあまりのレベルの高さにプロの世界で長くやっていくことは無理だと思っていました。

「自分のため」そんなわがままな考えで野球をやっていたら、僕はプロの世界でここまでの結果を残すことはできなかったと思います。両親のため、家族のため、友人のため、チームのため、応援してくれるファンのためにやってきたからこそ、プロの世界で長く続けることができた。そう思っています。

現役生活をマラソンに例えるならば、42・195キロを1位ではなかったけれども自己新記録で走り終えた満足感と走りきった爽やかさがあった。そんな11年間でした。

辛いことも多かったですが、良い思い、楽しい思いもたくさんありました。いろんなことを経験させてもらった夢のような11年間でした。

ファンの皆さんの前で最後のユニフォーム姿
©Rakuten Eagles（写真：黒澤崇）

［2014～2018年］

東北楽天ゴールデンイーグルス時代

（7年目～引退まで）の振り返り

●野球人生で初めて追われる立場を経験できた

●気持ちの余裕のなさが焦りを生みフォームを崩した

●精神的に苦しい時期を経験できた

●誰かのためにという「使命感」があったからプロで結果を残せた

●後悔もやり残したことも何一つなく引退できた

ⓒRakuten Eagles（写真：黒澤崇）

第八章

楽天イーグルスアカデミーで子ども達に野球を教える

引退後、何をしようか？

「ちびっ子達が楽しそうに野球をやっているな」

スタジアムの一塁側スタンドの裏手にある室内練習場。そこでは引退した選手達が楽天イーグルスアカデミーのコーチとして子ども達に野球を教えていました。僕は現役時代からその様子をチラチラと見ていて、「引退したら自分も子どもに野球を教えたいな」とぼんやりとですが、その頃から考えていました。

ならば、あとは行動するだけです。

戦力外通告を受けた数日後。僕は球団事務所に足を運び、「アカデミーで指導をすることはできないですか？」と自分から球団にお願いをしました。

こうして僕は2019年から楽天イーグルスアカデミーで子ども達に野球を教えることになりました。セカンドキャリア、第二の人生のスタートです。

当時スクールには5・6歳クラス、小学1年・2年生クラス、小学3年・4年生クラス、小学5年・6年生クラス、中学生クラス（硬式）があり、宮城だけでもスタジアム室内練習場を含めた4校、その他に東北全県でも開講しており、僕は中学クラスも含めた全てのクラスを担当しています。

東北は隣の県といっても東京と神奈川のようにすぐに電車で行ける距離ではないので移動だけでもかなり大変です。青森校へは新幹線で移動して泊まりになりますし、秋田校へも移動は車で片道3時間以上かかるので泊まりになります。岩手校、山形校、福島校への移動は車で日帰りになりますが、一番大変なのが岩手校です。21時まで指導して、そこから車で2時間30分かかりますから帰宅はいつも24時近く。現役時代以上になかなかハードな生活を送っています。

楽天イーグルスアカデミー全体では14人のコーチがいて、僕のような元楽天の選手だけではなくアマチュア野球出身のコーチや、小学校の教員免許を持っているコーチ、中・高の保健体育の教員免許を持っているコーチ、体操教室で教えていたコーチなどいろんな経歴を持ったコーチがいます。そういったコーチが各クラスでどのように指導をしているのか？　最初は研修として3カ月、勉強させてもらいました。

ちなみに楽天イーグルスアカデミーのコーチ陣は、定期的に専門家を招いて小さい子どもにどのように教えるのが良いのか、子どもとの距離の縮め方、子どもに人気のあるコーチは何が違うのかなど、日々勉強し続けています。

まずは挨拶、声を出そう

練習前には全員整列して大きな声で挨拶を行っています。「まずは挨拶から」「大きな声を出すことが大事」なんて話すと精神論に聞こえるかもしれませんが、そうではありません。なぜかと言うと「野球は声を出すスポーツ」ということを意識させる必要があるからです。試合でフライを捕るときが分かりやすいと思いますが、大きな声で誰が捕るのかを指示を出す、自分で捕るなら大きな声を出してアピールすることが大事になります。「大きな声」は野球のプレーに必要なことですし、ぶつかって怪我をすることの回避、自分の体を守ることにもつながります。

ですが、ランニングやウォームアップで「イチ、ニー、サーン」と大きな声を出すことを恥ずかしがる子がとても多いのです。大きな声を出そうと思えば出せるけど、そのことと野球が上手くなることのつながりがまだ理解できてない。どうしてもボールやバットを使った練習をやりたがり、「声」を疎かにしてしまいがちになります。練習で大声を出さなくても試合で出せるのであればいいのですが、そういう子は今まで見たことがありません。練習で大声が出せない子は試合でも出せないのです。

「練習のときから大きな声を出すことも練習の一つ」「まずは挨拶から大きな声で言えるようになろう」と根気強く言い続けていますが、ただ何度も言うよりも、子ども達の心に届くタイミングを逃さずに言うことが大切です。

ノックをしているとき、野手の間に上がったボールをお見合いして落としてしまったり、声は出しているけど相手が気付かずにボールを投げてもらえなかったり。そういうときは絶好のチャンスです。プレーを止めてすかさずこう話します。

「相手に聞こえなかったら声を出しているうちに入らないよね?」「こういうときに大きな声が出ないから、練習前の挨拶やアップのときから大きな声を出す練習をしているんだよ」

こういうプレーが実際にあったときに話すことで、子ども達も聞く耳を持ってくれますし、納得してくれるようになります。逆に言えば、子ども達が聞く耳を持ってくれるタイミングがくるまで、聞く体勢ができるまで教える側は何度も言い続ける必要があるということかもしれません。小学生を指導するのは本当に根気が必要です。

返事、聞く、行動を素早く

こちらが何かをアドバイスしたときに、それに対して何も言わない子がいます。それだと子どもが分かったのか分かっていないのか、教える側は判断がつきません。「教えても返事も何もしてくれなかったら、次からもっと教えてあげようという気持ちになるかな？　どう思う？」

そんなふうに子どもに考えさせたり、「分からなかったら『分かりません』とちゃんと言うことも返事の一つだよ」そんなことを伝えています。返事をするにもロボットみたいに何でも「はい！」と言っていればいいのではありません。「しっかり返事をしてコミュニケーションをとろうよ」と子ども達にはいつも話しています。

「聞く」は、「耳で聞くだけではなくて相手の目を見て聞くと二倍の効果があるよ」と話しています。耳からの情報プラス話している人の表情、身振り、手振りを見て目からの情報も入れた方が理解する力が二倍になるからです。

「同じ時間に同じ話を聞いても、耳だけで聞いている人と、目で見て耳で聞いている人とでは大きな差が出るよ」

そんなことも話しています。


各クラスの練習時間は決まっています。そのなかでみんなが一番楽しみにしているのがバッティング練習です。では、バッティング練習をたくさんやりたいのであればどうしたらいいか？「もうちょっと打ちたかった」と思うのであれば「どうしたらもっと打てたかな？」とそこも子ども達に考えてもらいます。

限られた時間を有効に使うためにはどうすればいいか？

例えば、集合のときにはダラダラ集まらずにパパッと集まる。そうやって行動を素早く行うことでバッティングの練習が少し多くできるようになるかもしれません。まずはそういうことに気付いてもらうことが大切かなと思っています。

リーダーシップのある子、意識の高い子は「早く集まって！」「早く！　早く！」なんて声を出してくれたり、良い効果が出ていると感じています。

挨拶、返事、聞く、行動を素早く。この四つが今日はできていても、翌週になると元に戻ってしまったり、なかなかすぐに身につけるのは難しい部分があります。だから根気強く言い続けますし、1年かけてできるようになれば良いなと思っています。これらは学校生活にも通ずることですし、この先中学、高校、大学、社会人と進んでいっても無駄にならない大事なこと。野球はいつか辞めてしまう日が来るかもしれませんが、こういったことは野球を辞めてもその人のなかに残るとても大事な部分です。むしろ野球よりもこちらの方が大切だと、楽天イーグルスアカデミーでは考えています。

生まれつき運動神経の悪い子はいない

スキップをさせてみると同じ側の手と足が一緒に出てしまったり、右足を上げてと言っても左足が上がってしまったりする子も多いものです。そういうときに「僕は運動神経が悪いからできない」「僕には無理だから」とすぐに諦めてしまったり、投げやりになる子が多いと感じています。いますぐにはできなくても、小さい頃にこういった動きを繰り返しやっておくことが後々大事になってくるのに、もったいないなぁと思っています。

自分でもいろいろな本を読んで勉強していますが、小学生のうちは運動神経が良い、悪いはまだ決まっていません。自分で判断して諦めるのは早すぎるのです。生まれつき運動神経の悪い子はいないのです。

「運動神経」とは脳からの運動指令を筋肉に伝える通り道のこと。自分のイメージ通りに身体を動かせる子は「野球が上手い」「センスがある」など言われ、自分のイメージ通りに身体を動かせない子は「野球が下手」「センスがない」などと言われがちです。ですが、たくさんの動きを経験し、たくさんのスポーツにチャレンジすることで「神経回路」を育て、運動神経を鍛えることはできるのです。

だからこそ、楽天イーグルスアカデミーでは運動神経自体を高める練習もたくさん取り入れるようにしています。頭でイメージした動きを正確に早くできるようにする。難しく言うと脳と手足の連動、協調を高める。そういうことにも力を入れています。

まずは自分の体を思い通りに動かせるようになること。それができるようになると運動神経も少しずつ良くなっていきますし、野球が上手くなるスピードも上がります。小さい子は特にそういうところからスタートしています。

「えー！　できなーい」「むりー！」という子もいますが「こういう練習が大事なんだよ」「これを頑張ると野球が上手くなるんだよ」と言い聞かせながら根気強く子ども達にやらせています。

言葉を選んで伝える

プロで経験してきたこと、培ってきたことをそのまま子どもに教えてもまず伝わりません。どういう言葉で伝えれば子どもの心に届くのか？　そこは言葉を選びながら学年ごとに慎重にやっています。

特に技術面では「ここをもっとこうしなさい」と直接的に指導するのではなく、頭のなかでその子にも分かりやすい言葉に変換させてから指導するようにしています。

例えば、極端なダウンスイングをしている子がいたとして、それをレベルスイングで振らせたいと思ったときに「バットが上から出ているからもっと水平に振るようにしなさい」そんな直接的な言い方をしても、子どもは理解して修正できるわけではありません。そうではなく「ちょっと天井に向かって打つ感じで振ってごらん」そんな言い方に変換してあげれば子どもにも分かりやすいですし、スイング軌道がちょっとレベルスイングに近づくようにもなるのです。

竹田監督は「指摘は簡単だけど指導するのは難しい」とよくおっしゃっていました。僕もそこは常に意識しています。この子にはどんな言葉で伝えるのが良いのか、その子にあった「魔法の言葉」をプレゼントする気持ちで子ども達に向き合っているつもりです。言葉一つでその子を伸ばしてあげられる、そんな指導者でありたいと思っています。

いまの時代だからこそ練習に工夫を

アカデミーはプロが使う室内練習場で練習ができますし、多くの経験豊富なコーチが教えてくれる恵まれた環境が揃っています。本人次第でいくらでも上手くなる環境があります。長野の田舎で生まれ育った自分の子ども時代と比べたらとても恵まれた環境です。いまの子は本当に羨ましいなと思います。一方でいまの時代は公園でキャッチボールができなかったり、そのへんで壁当てをすることも、家の前で素振りをすることも難しくなっています。僕は壁当てで野球が上手くなったと思っているので、それが気軽にできないという点はちょっとかわいそうだなと思います。でも、そこを嘆いても仕方がありません。どんな時代、環境であってもやれることはたくさんあるのです。

例えばもし、自分がいま仙台市内に住む野球少年だったらどうしているか？　公園で野球ができないのならば家のなかでどんな練習ができるかを考えると思います。丸めた新聞紙をトスしてもらって打ってみたり、百均でカラーボールを買ってきてそれを投げてもらって片手で捕る練習をしたり。限られた条件でもできることがあると思います。

子どもに「平日に練習やってる？」と聞くと「練習ができる場所がない」と言われるのですが、できることはたくさんあると思っています。ランニングなんてどこでもすぐにできますし、打ったり、ノックを受けたりだけが野球の練習ではないのですから。

大事なのはスクール以外の時間

週一回スクールで行う1~2時間の練習だけで上手くなれると思っている子も保護者もいると思います。いくら良い環境、良い指導者の下で練習をしたとしても、それだけの練習では上手くなりません。スクールがない日にどれだけ復習ができるか、どれだけ練習ができるかが一番大事です。

我々は上手くなるためのヒントや気付きのきっかけを与えますが、それをもとにスクール以外でも練習をしないことには上手くはなりません。1時間のなかで「上手くなった」と実感してもらえることもあると思いますが、それはその場だけのことです。そのときにはできていたことが、次の週にはできなくなっていたり、忘れてしまっていたりというのは小学生のあるあるです。

スクールがある日だけ練習をして、ちょっと上手くなったからと満足していては野球は上手くなりません。スクールで練習する日以外の6日間、チームに所属している子であればスクールで練習する日とチームで活動する日以外の過ごし方がとても大事なのです。

まずは良いところを探す

「ここを直さないとなかなかヒットが打てないな」

練習を見ていてそう思う部分があっても、すぐには言わないようにしています。悪い点を言われると子どももあまり良い気分にはならないですし、前向きな気持ちで練習に取り組みにくくなるものです。まずはその子の良かったところを見つけて、それを伝えてから、悪いところ、直すべきところの話に入るようにしています。

「こういうところが良いよね、できてるね」そういう話をしてから「もっと良くなるためには」「ここがこう使えるようになると打球がもっと飛ぶようになるぞ」そんなふうに話すようにしています。そうしたほうが本人のモチベーションも下がりませんし、聞く耳を持ってくれて前向きに練習に取り組んでくれる子が多いと感じています。

昔とは子どもが育ってきた環境や気質も違ってきていますから、指導者も変わらないといけません。子どもが言うことを聞かない、言ったことを子どもができないと嘆くのではなく、指導者がその子にあった指導法やかける言葉を変えていかなければいけません。

どんなに正しい技術指導をしたところで、それを子どもが理解できないと一方通行な指導になってしまって意味がありません。

キャプテンのススメ

大学時代、キャプテンではなく、1人の選手、1人の部員だったらどれだけ楽だろうと思ったことは一度や二度ではありません。

キャプテンをやることはやりがいがある半面、しんどいことも多いものです。それでも子ども達に将来キャプテンをやってほしいと思っています。それは野球が上手いだけの人になってほしくないという思いがあるからです。

いくら野球を頑張ってもプロ野球選手になれるのはほんの一握り。野球を辞めたときに、その選手から野球を取ったら何も残っていなかった、何もできないでは社会では通用しません。だからこそ、プロになれなくても野球を通じて人間関係を学んだり、気持ちの良い返事ができたり、挨拶がきちんとできるようになったり、相手の目を見てきちんと話せたり、目配り、気配り、心配りができたりだとか「野球をやっていた子はいいね」と言われるような人間になってほしい。そう思っています。
そういうことを率先してできるのがキャプテンだと思うので、子ども達にはこの先、中学、高校、大学でキャプテンになることを目指してほしいですし、僕もそこを意識して指導をしています。

保護者の皆さんにも「将来、子ども達には上のカテゴリーでキャプテンをやってほしいと思っていますし、キャプテンができるような育成をします」と伝えています。だから子ども達には間違えてもいいから積極的に発言させたり、竹田監督と同じようにヒントまでを与えてその先は子ども達に考えるようにさせてみたり、答えが押しつけや一方通行にならないように意識した指導をしています。

現在、3年前に教えていた6年生達が中学生になり、ボーイズリーグやシニアでキャプテンを務める子が多くなっています。僕はそのことをものすごく嬉しく思っています。

弱小チームからでもプロ野球選手になれる

「プロ野球選手になりたいと思う人？」

そう聞くと多くの子ども達が手を上げてくれます。でも「じゃあそのためにどんなことをしていますか？」と聞くと、みんなさーっと手を降ろします（笑）。「なりたい」と思うだけではプロ野球選手にはなれません。

夢をかなえられる人は「自分で考えて行動する」ことができている人だと思います。

①夢（目標）を持つ

②そのためには何をどうする？（考える）

③行動する

たくさん練習することももちろん大切です。そのためには練習する時間も必要になります。塾があったり他の習い事もあったり、日頃からあまり時間がないなかでどれだけ野球に向き合う時間を作ることができるか？

練習も数を決めてただ量をたくさんするだけでは駄目。目標から逆算をして「いまは何をするべきか?」をしっかりと自分で考えることが大事。課題を持って質の高い練習をすることが前提になります。

有名な指導者がいるチーム、強豪チームで野球をやることがプロ野球選手になれる近道とも限りません。むしろ、誰かに教えてもらおう、強いチームで指導してもらおうという受け身の姿勢では成長は難しいと思っています。

誰かに上手くしてもらうのではなく「自分のことは自分で育てる」つもりで、常に自分の課題を考えて、質の高い練習をたくさんやる。それを中学、高校、大学と続けていくことができたらプロ野球選手になれるかもしれません。

弱小チーム出身の僕がプロ野球選手になれたその経験を活かして、楽天イーグルスアカデミーの子ども達にはそんなことを伝えていきたいと思っています。

引退後は東北6県を飛びまわり、子ども達に野球を教える毎日

写真：黒澤崇

［2019年～］

アカデミーで教えているポイント

● 野球は声を出すスポーツ、まずは大きな声を出す

● 挨拶、返事、聞く、行動を素早く

● いろんな体の動かし方を経験する

● その子にあった指導法やかける言葉を変える

● 上のカテゴリーでキャプテンになれるように育成する

● 「自分で考えて行動する」選手を育てる

おわりに

エリート街道とはほど遠い僕の野球人生。こうして本という形で振り返ってみると、多くの人に支えられ、多くのことを勉強させてもらった野球人生だったと、いま改めて思っています。

特に高校、大学時代には多くのことを学ばせていただきました。

高校3年の春の長野県大会。デッドボールを受けてそのまま病院に運ばれたことがありました。診断結果は骨に異常はなく打撲。そのことを試合後に監督に報告にいくと、心配されるどころか思ってもみなかったことを言われました。

「お前が試合から抜けた時点で試合は終わった（負けた）。お前にチームの中心選手としての自覚はあったのか？」

前年秋の大会では、敬遠のボールを無理やり打ってセカンドゴロに倒れたこともありました。自分さえ打てたら良い。野球をそんな個人競技のように考えているところがあったと思います。柳澤先生はそんな「お山の大将」だった僕に、チームの中心選手としての自覚と、チームのために何ができるか、何をするべきかを考えるきっかけを与えてくれました。

大学時代は「24時間のうち8時間は練習。8時間は睡眠。残りの8時間をどう野球につなげられるかがポイントだ」と竹田監督に口酸っぱく言われました。下級生の頃は、正直「私生活が野球につながるわけがない」と思っていましたが、竹田監督に日常生活のなかにも野球が上手くなるヒントがたくさんあることを教えていただき、残り8時間をどう過ごすかを意識するようになりました。

「技術の前に考えがある」

これも竹田監督の教えです。弱小チーム出身でたいした技術もなかった僕がプロ野球選手になり、活躍できたのも、常に「考える」習慣があったからだと思っています。

甲子園に出られなくても、150キロのボールが投げられなくても、ホームランが打てなくても、「考える」ことは誰にでもできること。考えたら次は行動に移すこと。そうすれば、道は自ずと拓けてきます。僕はそう思いますし、実際にそうやって夢を実現させました。

僕の野球人生は、公式戦0勝の弱小中学から同級生が2人だけの弱小高校に進み、そこから名門大学を経てプロ野球選手になれた「激レア野球人生」でしたが、高校、大学時代に柳澤先生、竹田監督から「考え方」の部分を学んでいなければ、僕の野球人生などとっくの昔に終わっていたことでしょう。

お二人から学んだことを、これからは未来ある野球選手達に伝えていきたい。いまはそんなことを思っています。

この本を通じて、1人でも多くの子が「僕だってプロ野球選手になれるんだ！」そんな気持ちになってくれたら嬉しいです。

子ども達には沢山の夢をかなえる時間がまだまだあります。毎日ちょっとずつ頑張ることを続けて、大きな夢を掴んでほしいと思っています。

この場をお借りして、両親と家族に対して感謝の気持ちを伝えさせてください。

野球を頑張る子ども達のために朝早く起きること、汚れたユニフォームを洗うこと。そしてお金がかかること。大変なことばかりだったと思いますが、両親の口から何一つ愚痴や文句を聞いたことはありません。一番の応援団でいてくれました。そんな両親を見てきたからこそ、「野球ができているのは当たり前のことではない。僕には野球を一生懸命にやる義務がある」そんな気持ちで野球に向き合うことができました。

自分のためだけでなく、応援してくれるファンのため、支えてくれている裏方さんのため、チームのため、家族のため。そんなふうに「誰かのために」という使命感を持って野球をすることができたのは両親のお陰です。使命感があったからこそ、11年間プロの世界で野球を続けることができました。

試合で良い結果が残せなくても、いつも変わらずに出迎えてくれた妻。

プロ野球選手は2月、3月はキャンプ、オープン戦で家にはほとんどいません。シーズン中も半分は遠征でなかなか家に帰れません。息子が生後間もない時期に東日本大震災が起こりました。一番そばにいなければいけないときにいてあげることができない、一番子育てに協力しないといけないときに家にいてあげることができない。そんな状況が続いても愚痴も言わずに「あなたは野球に集中して」と言ってくれました。

プロ野球生活で精神的に一番苦しかった時期も、そばで支えてくれたことはいまも感謝しています。

いつもありがとう。

最後に、僕の考えをまとめてくださった永松欣也さん、入団当初から写真を撮ってくれた黒澤崇さん、この本を出版するきっかけをくれた辰巳出版の髙橋理紗さん、企画を推し進めてくれた平島実さんと田辺共一さん、刊行にあたってイベントを調整してくれた杉野友昭さん、ありがとうございました。

現役時代の楽しい思い出はたくさんありますが、苦しい思い出も決して少なくありません。そんな苦しいときにファンの皆様の声援が僕を後押ししてくれて、プロの世界で11年間生きていくことができました。ファンの皆様に支えられて、応援してくれたからこそいまの自分があります。

だから、この本がつくれたことはファンの皆様のおかげでもあるのです。

本当にありがとう。

聖澤諒 年表

1985年	0歳	11月3日、長野県更埴市（現・千曲市）に生まれる。
1993年	小2	「森スポーツ少年団」で野球を始める。
1995年	小4	父の強い勧めで剣道を始める。
1997年	小6	陸上で市の選抜メンバーに選ばれ、大会ではエントリーしたほとんどの種目でメダルをもらう。「森スポーツ少年団」で更埴市大会優勝、剣道の更埴市大会優勝。
1998年	中1	更埴市立屋代中学入学、軟式野球部入部。3年間公式戦0勝、弱小チームで3年間を過ごす。
2001年	高1	長野県松代高校入学、硬式野球部入部。入部したのは3人だけ、1人がすぐに退部して同級生は2人だけ。夏の長野大会はベンチ入りできず。秋の新チームから四番ショートとしてチームの主力となる。
2002年	高2	新湊高校との練習試合で大敗、自身も三打席全て三振。夏の長野大会は三回戦進出。
2003年	高3	春の長野県大会で公式戦唯一のホームランを放ち、高校野球雑誌に紹介される。夏の長野大会は初戦敗退。國學院大硬式野球部のセレクション合格。
2004年	大学1年	國學院大學入学、硬式野球部入部。練習サポートメンバーのC班（三軍）からスタートし、夏にはB班（二軍）昇格。東都大学リーグ二部の秋のリーグ戦で公式戦初出場。
2005年	大学2年	A班（一軍）昇格し、外野のレギュラーに定着。
2006年	大学3年	春のリーグ戦（二部）で優勝。秋のリーグ戦（一部）で打率リーグ9位（.323)、サードとしてベストナインを受賞。
2007年	大学4年	秋のリーグ戦（一部）で打率リーグ2位（.380)、外野手としてベストナインを受賞。東北楽天ゴールデンイーグルスから大学・社会人ドラフト4巡指名、契約金5000万円、年俸1200万円で入団。
2008年	プロ1年目	3月20日、ソフトバンクとの開幕戦で守備固めとしてセンターの守備に就き、一軍初出場。5月24日、横浜戦でプロ初盗塁。8月26日、西武戦でプロ初安打。
2009年	プロ2年目	代走や守備固めが主の出場ながらチーム2位の15盗塁。クライマックスシリーズ、セカンドステージ進出。オフに大学時代の同級生と結婚。
2010年	プロ3年目	6月22日、西武戦で岸孝之投手からプロ初ホームラン。自身初の規定打席に到達。打率.290とチームトップの24盗塁を記録。9月22日、日本ハム戦から外野手での連続守備機会無失策がスタート。
2011年	プロ4年目	3月11日、東日本大震災発生。全試合に出場し、前年を大きく上回る52盗塁を記録。打率もチームトップの.288をマーク。外野手での連続守備機会無失策継続。
2012年	プロ5年目	オールスターゲーム出場。54盗塁で盗塁王を獲得し、得点圏打率12球団1位。外野手での連続守備機会無失策継続。
2013年	プロ6年目	WBC候補合宿メンバー選出。5月25日、連続守備機会無失策パ・リーグ記録を更新（659回）。初めてのリーグ優勝、日本一。
2014年	プロ7年目	4月3日、外野手での連続守備機会無失策NPB新記録を樹立（821回）。レギュラー定着以降最少の66試合出場、5盗塁に終わる。
2015年	プロ8年目	3月29日、連続守備機会無失策の記録が927でストップ。シーズン中に国内フリーエージェント権を獲得。
2018年	プロ11年目	戦力外通告を受け、現役引退を決断。

聖澤 諒

Ryo Hijirisawa

1985年11月3日生まれ。長野県出身。長野県松代高校、國學院大學を経て2007年に大学・社会人ドラフト4巡指名で東北楽天ゴールデンイーグルスに入団。背番号は「23」。入団後は足のスペシャリストとして活躍し、2012年に54盗塁で盗塁王のタイトルと12球団トップの得点圏打率を記録。2013年の球団初のリーグ優勝、日本一ではチームの中軸として大きく貢献した。守備の巧さに定評があり、2014年に連続守備機会無失策のNPB新記録を樹立。2018年まで11年間プレーし、現役引退後は球団が運営する「楽天イーグルスアカデミー」のコーチに就任した。180cm 80kg。右投左打。

Staff

構成・編集　永松欣也
撮　　影　黒澤 崇
デザイン　金井久幸＋藤 星夏（TwoThree）
校　　正　小川誠志
企画・進行　平島 実、髙橋理紗
編集協力　田辺共一
協　　力　東北楽天ゴールデンイーグルス
株式会社楽天野球団

弱小チーム出身の僕がプロ野球で活躍できた理由

2024年9月15日　初版第1刷発行

著者　聖澤 諒

発行者　廣瀬和二

発行所　辰巳出版株式会社
〒113-0033　東京都文京区本郷1丁目33番13号 春日町ビル5F
電話：03-5931-5920（代表）　FAX：03-6386-3087（販売部）
http://www.TG-NET.co.jp

印刷・製本　中央精版印刷株式会社

ISBN 978-4-7778-3159-3 C0075